Mauern überwinden

Christen und ihre Nachbarn

diesseits und jenseits des Jordans

Herausgeber:
Hans-Martin Gloël - Axel Töllner - Dirk Wessel

tgd-verlag

Impressum

1. Auflage 2010

Alle Rechte vorbehalten

© tgd-Verlag, 90441 Nürnberg, Lochnerstraße 19

Das Werk einschließlich aller seiner Teile ist urheberrechtlich geschützt. Jede Verwertung außerhalb der engen Grenzen des Urheberrechtsgesetzes ist ohne Zustimmung des Verlages unzulässig und strafbar. Das gilt insbesondere für Vervielfältigungen, Übersetzungen, Mikroverfilmungen und die Einspeicherung und Verarbeitung in elektronische Systeme. Die beigefügte DVD ist Bestandteil dieses Buches.

Fotos:	Dr. Gunnar Sinn, Thomas Grieshammer
Layout:	Thomas Grieshammer
Musik:	Christoph Grabenstein
Druck:	KDD Kompetenzzentrum Digital-Druck GmbH, Nürnberg

ISBN 13: 978-3-941162-10-5

Dirk Wessel

„Ein Pfarrkapitel auf Reisen"

Die erwartete Antwort auf die Frage, wer schon einmal im Heiligen Land war, hängt selbstverständlich stark davon ab, wer gefragt wird. Dem Pfarrkapitel der größten fränkischen Stadt diese Frage zu stellen, heißt eben nicht „Eulen nach Athen zu tragen", sondern diese Fragestellung gibt viel mehr einen Blick auf die Wahrnehmung der Situation im Heiligen Land in den vergangenen 15 Jahren.
Viele der Pfarrerinnen und Pfarrer waren noch nie im Heiligen Land, sind noch nie die Via Dolorosa entlang gepilgert, haben noch nie in Bethlehem das Gefühl erlebt, gerade hier in der Geburtskirche dem Geschehen vor über 2000 Jahren besonders nahe zu sein oder in der Grabeskirche in Jerusalem das beklemmende Empfinden einer Ohnmacht einem Geschehen gegenüber, das auf der einen Seite Voraussetzung war für unsere christliche Glaubensüberzeugung, auf der anderen Seite die tiefe Hoffnungslosigkeit, die der Tod in das Leben der Menschen bringt, zu spüren.
Es ist meine tiefe Grundüberzeugung, dass ein Reden und Predigen über die Geschehnisse in Israel und Jordanien, die in den Geschichten der Bibel niedergelegt sind, nur in angemessener Weise erfolgen kann, wenn ich ein Bild vor Augen habe, wenn ich sozusagen rieche und fühle, wie es dort ausschaut. Dass es immer ein auch verklärtes Bild der menschlichen Erinnerung sein wird, ist uns Theologen deutlich. Der Unterschied des unmittelbaren Erlebens auf einer Reise im Verhältnis zum Betrachten eines Bildbandes ist evident.
Wenn ich die Hitze der Wüste am Tag erlitten habe, die Einsamkeit, die Verlassenheit und die unwirtliche Lebenswelt der Nomaden bis zum heutigen Tag wahrnehme, dann wird mein Reden und Predigen ein anderes sein. Zeit und Ort in der Theologie sind konstitutiv für unser Reden von Gott. Unseren Hörern ein lebendiges Bild der damaligen Zeit vor Augen zu führen und dann diese Zeit und diesen Ort auf unsere heutige Wirklichkeit im „hic et nunc" zu übertragen, ist eine vornehme Aufgabe von Pfarrerinnen und Pfarrern.
Was hat die Wüste mit meinem Leben zu tun? Was bedeutet es Nomade zu sein? Nur zwei kleine Fragen, die verdeutlichen, wie wichtig die Wahr-

nehmung und das Einfühlen in die damalige Situation der Menschen ist, um besser und angemessener von Gott sprechen zu können.
Aus diesen Gründen führte das Dekanat Nürnberg im Februar des Jahres 2010 einen Pfarrkonvent im „Heiligen Land – diesseits und jenseits des Jordans" durch.
Das vorliegende Buch gibt etwas davon wieder, was wir an beeindruckenden Bildern – im wörtlichen wie im übertragenen Sinn – mit nach Hause gebracht haben.
Die vielen Begegnungen mit Menschen, die Brücken bauen wollen, die für den Frieden stehen, werden noch Jahre ins uns nachklingen.
Geschichten, die wir gehört haben, werden unser Reden von Gott neu prägen. Und nicht zuletzt wird die Sicht der politischen Situation im Heiligen Land neu bewertet werden – je und je wie wir es wahrgenommen haben, wie wir es gefühlt, gespürt, gesehen und erlebt haben.

Axel Töllner

Vorwort

Aus Bethlehem, der Stadt Isais, soll ein Reis aufgehen, der kommende Friedensherrscher, so erzählt das Buch des Propheten Jesaja. In diesen Tagen hätte er es ziemlich schwer, aus der Stadt herauszukommen, ein graues Band aus Beton durchschneidet die Landschaft und trennt große Teile der Geburtsstadt Jesu von ihrem Hinterland ab.

Nur wenig Himmel bleibt angesichts dieser hohen Mauer übrig, die Angst und Hilflosigkeit, Enttäuschung und Hass gebaut haben. Die Hindernisse werden höher, Trennendes wächst, viele verlieren sich aus den Augen. Verwandte, einstige Nachbarn trennt die Mauer voneinander, verschiedene Volksgruppen und Religionen entfremdet sie, die früher sichtbar miteinander, nebeneinander und gegeneinander gelebt haben.

Es ist still vor der Mauer und es ist still hinter der Mauer. Eine trügerische Ruhe, mit der Mauer wachsen auf beiden Seiten die Vorurteile. Immer weniger Momente bleiben, die Zerrbilder zu überprüfen, diese Augenblicke bei Begegnungen, bei der Arbeit, in der Freizeit sind mittlerweile selten. Der Schatten der Mauer kühlt die Leidenschaft ab – es gibt weniger Gelegenheiten, sich miteinander zu streiten.

Irgendein unbekannter Künstler malt seine Hoffnung in Form einer gut besetzten Rolltreppe auf den Beton." „Mit meinem Gott kann ich über Mauern springen!", heißt es im Psalm 18. Der Sprung wird zum langsamen Gleiten, und das geht so langsam, dass es alle quält, denen dieser Landstrich zwischen Mittelmeer und Jordan und seine Bewohner am Herzen liegt. Und manchmal drängt sich der Eindruck auf, dass es Bilder von Gott sind, die Mauern eher aufrichten als überspringen lassen.

Viele Menschen geben auf und verlassen das Land, immer wieder sind es die Christen. Nur noch 2 Prozent der Palästinenser gehören einer christlichen Konfession an. Zehn Tage lang im Februar 2010 haben Mitglieder des Pfarrkapitels im Dekanat Nürnberg Menschen diesseits und jenseits des Jordan besucht. Das Schicksal der Christen im Heiligen Land steckte den Rahmen für die Reise und die Begegnungen mit Israelis, Palästinensern und Jordaniern, mit Juden, Christen und Muslimen.

Die kleine christliche Minderheit sitzt zwischen den Stühlen: Als Christen werden sie oft beargwöhnt von Muslimen, als Palästinenser oft beargwöhnt von jüdischen Israelis. So wenige sie sind, so sehr verstehen sie sich doch als Brückenbauer. Und obwohl sie bei ihren Bemühungen oft auf verschiedenen Seiten an Mauern stoßen, setzen sie sich doch oft bis zum Rand der Erschöpfung weiter für Verständigung ein.

Dieses Buch versammelt Eindrücke von der Reise, alle sind bewusst subjektiv gefärbt. Vielleicht gelingt es, damit Anstöße zu geben, um die Mauern im eigenen Denken zu überwinden und deutlicher zu machen, welche Mauern die Menschen im Nahen Osten überwinden wollen, denen wir auf der Reise begegnet sind.

Hans-Martin Gloël
Schlaglichter evangelischer Präsenz im Hl. Land

Die Evangelischen sind die siebte Konfession, die nahe am Ort des Grabes und der Auferstehung Jesu Christi betet und feiert. Wie im siebten Himmel dürfen sie sich fühlen, an diesem Ort, der schön und friedlich ist – nicht zuletzt weil nicht im Geflecht unklarer Besitzverhältnisse und Eifersüchteleien der Grabeskirche gelegen, sondern direkt gegenüber ihrem Eingang.

Evangelisch an geschichtsträchtigem Ort
Der Ort könnte kaum passender sein: wo sich neben evangelischer Erlöserkirche und Grabeskirche die Enge der Basare zum systematisch angelegten Muristangelände weitet, hatten die Johanniter zu Kreuzfahrerzeiten ein Hospital betrieben. Dieser Orden, später Malteser genannt, bildete im Zuge der Reformationszeit einen evangelischen Zweig, der den ursprünglichen Namen „Johanniterorden" annahm und 1812 und 1852 durch die preußischen Könige erneuert wurde. Nicht zuletzt durch seine Prachtentfaltung durch Ordenstracht und Insignien konnte sich der evangelische Adel mit diesem Orden identifizieren, der sich die Pflege von Kranken und Verwundeten zur Aufgabe gemacht hatte. Wo die Basilika Santa Maria Latina dieses prestigeträchtigen Ordens stand, entstand als nahezu originalgetreue Kopie dieses würdigen und schlichten Gotteshauses in den 1890er Jahren die Erlöserkirche – abgesehen vom Turm: den hat Kaiser Wilhelm II. angeblich in Italien gesehen und wollte genau so einen in Jerusalem haben.

Evangelisch in Jerusalem – eine ökumenische Vision des Königs
Aber nicht nur dieser Turm und die Erlöserkirche, nein das ganze evangelische Leben im hei-ligen Land wäre ohne die Hohenzollern als preußische Könige und später deutsche Kaiser nicht denkbar.
War Jerusalem seit der Reformationszeit als Pilgerziel – zumal für Evangelische – ganz aus dem Blick geraten, so änderte sich dies mit den Erweckungsbewegungen zu Beginn des 19. Jahrhunderts und bot sich nun als Experimentierfeld für ökumenische Träume geradezu an.

Eine ökumenische Vision stand denn auch am Anfang der Planungen evangelischer Präsenz im Heiligen Land:
Wie schön wäre es doch, wenigstens die protestantischen Kirchen wieder zu vereinen, dachte sich der preußische König Friedrich Wilhelm IV. (König von Preußen 1840 – 1861). Ganz in der Tradition seines Vaters, der in Preußen die Union von Lutheranern und Reformierten eingeführt hatte, nahm Friedrich Wilhelm IV. auch die Anglikaner in Blick. Wenn die Protestanten die Ämterfrage miteinander klären könnten, so ließe sich vielleicht auch eines Tages mit den Katholiken reden, denen die Anglikaner noch am nächsten sind. Ein gemeinsames Bistum mit den Anglikanern in Jerusalem wünschte sich der König. Als er seinen Geheimen Legationsrat Christian Karl Josias Bunsen 1841 zum Erzbischof von Canterbury schickte, hatte der ein Schreiben im Gepäck, in dem es hieß:

„Seine Majestät tragen kein Bedenken, in dem Sinne apostolischer Katholizität und in der Erwartung gleicher Gesinnung Seitens der englischen Kirche, Ihre Bereitwilligkeit auszusprechen, in allen Missionsländern ihrer Landeskirche zu erlauben, sich an dasselbe anzuschließen, auch zu diesem Zwecke sich die bischöfliche Ordination zu erwerben, welche die englische Kirche für die Zulassung zum Amte fordert. Allerhöchstdieselben werden darauf achten, daß eine solche Ordination in Ihren Landen jederzeit anerkannt und geachtet werde."

Abgesehen von inhaltlich-theologischen Erwägungen war das große Entgegenkommen des preußischen Königs gegenüber den Anglikanern der Tatsache geschuldet, dass Preußen bislang keinerlei Ankerpunkt im Heiligen Land vorweisen konnte. Anders die Engländer, die dort seit den 1830er Jahren mit einer Missionsniederlassung und einem Konsulat vertreten waren.

Politisch war die Situation günstig, war doch das Osmanische Reich um 1840 geschwächt („Kranker Mann am Bosporus"), nachdem es mit Muhammad Ali Pascha von Ägypten Kriege um Palästina und Syrien führen musste. Den Interessen westlicher Mächte, die sich oft als Schutzmacht für

Minderheiten Eingang suchten, konnte das Osmanische Reich damals wenig entgegen setzen.

**Anglikanische Bischöfe sterben schnell,
der preußische wirkt mehr als zehnmal länger**
Noch im Jahre 1841 war der Bistumsvertrag unter Dach und Fach: der Bischof sollte alternierend von England und Preußen ernannt werden. England war zuerst dran. Professor Michael Salomon Alexander, ein Jude aus der Provinz Posen, der in England zum Christentum übergetreten war, erschien als ideale Besetzung, nicht zuletzt, da die Mission unter den Juden zu Beginn des Unternehmens als Arbeitsschwerpunkt betrachtet wurde.
Ein harter Schlag für das junge Bistum war es daher, dass Alexander bereits im November 1845, nach kaum 3 Jahren, auf einer Dienstreise nach Ägypten verstarb.

Nun war Preußen an der Reihe: die Wahl fiel auf Samuel Gobat, der aus der französischen Schweiz stammte und als 26-jähriger nach England kam, um dort in den Dienst der Kirchlichen Missionsgesellschaft (Church Missionary Society) zu treten. Gobat hatte die Freude, am 21. Januar 1849 die erste evangelische Kirche in Jerusalem, die heute noch zu sehende Christ Church am Jaffator einweihen zu können. Ja, Berlin wollte, dass auch er weiterhin Judenmission betrieb, doch sollte er auch Mission unter Muslimen betreiben und ein protestantisches Kirchenwesen aufbauen. Da sich Juden und Muslime aber dafür wenig empfänglich zeigten, gerieten die orientalischen Konfessionen verstärkt in Blick. Manch orientalische Christen strebten in die evangelische Gemeinde. Die Verantwortlichen waren sich der Sensibilität dieser Sache durchaus bewusst. Man war auch nicht mit der Absicht gekommen, unter orientalischen Christen zu missionieren. Wo diese jedoch die zahlreich von Gobat gegründeten Schulen besuchten, wurden sie nicht selten von der griechisch-orthodoxen Kirche verstoßen und forderten damit eine Bildung von Gemeinden für diese Gruppe heraus. Bischof Gobat versah seinen Dienst in Jerusalem 33 Jahre lang.
Nun war wieder England an der Reihe. Wiederum erwies sich der angli-

kanische Kandidat als äußerst kurzlebig: Joseph Barclay starb 1881 nach kaum 2 Jahren seines Dienstes in Jerusalem. Ob den Engländern das alternierende System nun zu dumm wurde oder nicht – mit dem Verhältnis zwischen Preußen und Engländern stand es auch von deutscher Seite her nicht zum Besten: die Hohenzollern standen seit 1871 nicht mehr nur für Preußen sondern als Kaiser für ganz Deutschland. Die Kooperation mit den Anglikanern mag ihrem Selbstverständnis nicht mehr angemessen erschienen sein. Es gab noch einige Jahre lang ergebnislose Verhandlungen, bis Deutschland 1886 den Vertrag kündigte und England das Bistum von da an alleine verwaltete. Von deutscher Seite wurde im Jahr 1889 die „Evangelische Jerusalem-Stiftung" gegründet.

**Deutsch-türkische Freundschaft
begünstigt kirchliches Engagement in Jerusalem**
Die Ermöglichung einer Selbständigkeit war nicht zuletzt durch die gute türkisch-deutsche Freundschaft gegeben. Als Kronprinz Friedrich Wilhelm, der spätere Kaiser Friedrich III., nach der Einweihung des Suez-Kanals 1869 auch Jerusalem besucht, da schenkt der Sultan dem preußischen König das Muristan-Gelände. Der Zweck stand schon damals fest: der Prinz schreibt seinem Vater aus Jerusalem, „daß ich heute hier von demjenigen Platze feierlich Besitz genommen habe, welchen Eure Majestät zum Aufbau einer protestantischen Kirche zu erlangen wünschten, und welchen der Sultan zu diesem Zweck Eurer Majestät geschenkt hat."

Zunächst allerdings hatte man durch die Reichsgründung und das unklarer werdende Verhältnis zu England andere Sorgen. Erst 1892 befahl Kaiser Wilhelm II. den Baubeginn. Auf seiner berühmt gewordenen Orientreise im Jahr 1898 weiht er die Kirche am Reformationstag ein und verleiht dem Pfarrer der Erlöserkirche den bis heute gültigen Titel „Propst". Der evangelische Kaiser war aber bemüht, keine konfessionellen Unterschiede zu machen. Hier bewährte sich wiederum das gute Verhältnis der Hohenzollern zum türkischen Sultan: am Nachmittag nach der Einweihung der evangelischen Erlöserkirche geht der Kaiser zum Zionsberg, um dort das Gelände in Besitz zu nehmen, das der Sultan ihm zum Zweck des Baus einer Kirche für die deutschen Katholiken geschenkt hat. 1910 wird dort die Dormitio eingeweiht, deren Mönche seit nun 100 Jahren in enger ökumenischer Freundschaft mit den Evangelischen der Erlöserkirche zusammenarbeiten (als im Krieg 1917 deutsche Soldaten anstelle der Pilger in Jerusalem die Dormitio besuchen, schreibt der Pater Mauritius, er habe sich gar um gedruckte Pilgerzeugnisse bemüht, „welche in ihrem Text auch für Evangelische passen.").

Primär spirituelles Interesse des evangelischen Kaisers an Jerusalem
Das Interesse des letzten deutschen Kaisers am Heiligen Land darf als ein primär spirituelles gelten. Aus politischen Ansprüchen in Palästina hatte sich bereits Bismarck als preußischer Ministerpräsident und auch später als Reichskanzler herausgehalten, und das handhabte Wilhelm II. nicht anders. Freilich konnte das Engagement an den Orten des Erlösers einer sakralen Überhöhung des Kaisertums dienen, das das neue deutsche protestantische Kaisertum nicht durch päpstliche Weihen erhalten konnte.
Das Engagement Kaiser Wilhelm II. im Heiligen Land kann nur als segensreich bezeichnet werden, und vielleicht darf ein Vergleich mit dem friedlichen Einzug des Hohenstaufer-Kaiser Friedrich II. zu Kreuzfahrerzeiten in Jerusalem gezogen werden, der seine Ziele dort ebenfalls durch freundschaftliche Beziehungen zum Sultan erreicht hat.

Evangelische im Heiligen Land jedenfalls waren es, die Kaiser Wilhelm II. das wohl einzige Denkmal gesetzt haben, das ihm im Ausland gesetzt worden ist: die Templer in Haifa, eine besonders fromme, der Landeskirche eher fern stehende, aus Schwaben stammende Gruppe, haben das Kaiser-Wilhelm-Denkmal aufgestellt. Von den Engländern zerstört, wurde es 1982 in Anwesenheit des Kaiser-Enkels Louis Ferdinand wieder errichtet.

Wilhelm II.: Anpacken statt Streit und lange Predigten!
Geschmerzt haben den Kaiser die Streitereien zwischen den christlichen Konfessionen und auch die innerevangelischen Spaltungen. Vieles was er sah, hat ihn wohl gereizt, und so forderte er die Geistlichen auf, das Christentum weniger durch zumeist ermüdende Predigten als vielmehr durch Erziehungs- und Wohlfahrtseinrichtungen im Heiligen Land zu verbreiten.

Es ging ihm auch darum, vor Juden und Muslimen Achtung für das Christentum zu wecken.

Allerdings waren zahlreiche Geistliche bereits in diesem Sinne unterwegs:
- Pfarrer Theodor Fliedner (auf einer Briefmarke von 1952 als „Helfer der Menschheit" bezeichnet) hatte 1851 Kaiserswerther Diakonissen nach Jerusalem entsandt und die Mädchenschule **Talitha Kumi** in Jerusalem gegründet, die bis heute als Bildungszen-trum (Kindergarten, gemischte Schule, Mädcheninternat, Hotelfachschule, Gästehaus) im palästinensischen Beit Jala besteht.

- Pfarrer Johann Ludwig Schneller hatte 1860 in Jerusalem das **Syrische Waisenhaus** gegründet, das bis heute im Libanon und in Jordanien besteht, nachdem es 1948 als deutsche Einrichtung im neu gegründeten Staat Israel nicht bleiben durfte.

Und auch nach dem kaiserlichen Besuch wurde von evangelischer Seite noch manch Nützliches und Nachhaltiges angepackt:
1900 wurde durch Gustaf Dalman das **Deutsche Evangelische Institut für Altertumswissenschaft des Heiligen Landes** auf dem Ölberg gegründet, das ebenfalls bis heute bedeutende Arbeit leistet.

Auf dem Ölberg im Auguste-Viktoria-Zentrum wird heute im Rahmen der Evang. Gemeinde von einem Pfarrersehepaar v. a. **Bildungs- und Pilgerarbeit** geleistet.

Seit einigen Jahren hat die Gemeinde unter dem Schirm der EKD die Verantwortung für das „**Studium in Israel**" übernommen.

Die deutschsprachige evang. Gemeinde leistet natürlich primär das, was ihre ureigenste Aufgabe ist: die **geistliche Begleitung von Menschen**, die ständig oder auf Zeit im Lande leben.

**Evangelisch in Jerusalem ist multikulturell –
und muss sich um die Zukunft sorgen**
1959 wurde die arabisch-sprachige „Evang.-Luth. Kirche in Jordanien" (seit 2005: **„Evang.-Luth. Kirche in Jordanien und dem Hl. Land"**) gegründet; arabischsprachige evangelische Gemeinden bestanden bereits seit Beginn des 20. Jahrhunderts (in Beit Sahour seit 1901).

Seit der Trennung von den Anglikanern im Jahr 1886 gab es für die deutsch- und arabisch-sprachigen Evangelischen keinen **Bischof in Jerusalem**. Als dieses Amt im Jahr 1979 eingeführt wurde, siedelte man es bei der arabisch-sprachigen Evang.-Luth. Kirche in Jordanien an, womit diese Kirche vom deutschen Propst rechtlich unabhängig wurde. Doch die Herde auch der einheimischen Evangelischen ist klein und wird kleiner.
Mounib Younan, der derzeitige evangelische Bischof sorgt für gerade mal ca. 3.000 Evangelische. Dass er im Juli 2010 in Stuttgart zum Präsidenten des Lutherischen Weltbundes gewählt worden ist, mag auch als ein Zeichen für die Bedeutung des Heiligen Landes auch für die Evangelischen verstanden werden, vor allem aber möge es ein Zeichen der Hoffnung für die im Land bleibenden Christen sein. Wenn es dort keine einheimischen Christen mehr geben wird, wird unsere Verbindung zu den Wurzeln 2000 Jahre gelebter christlicher Spiritualität an den Wirkungsstätten Jesu gestorben sein.
Evangelisches Leben im Hl. Land jedoch hat sich aus den kleinen Anfängen eines großen Wunsches nach Ökumene seit 170 Jahren segensreich entwickelt.

Derweilen werden in der Erlöserkirche heute bei allen Trennungen nach Sprachen und Nationen evangelische Gottesdienste auf Arabisch, Dänisch, Deutsch und Englisch gefeiert, und mit diesen Sprachen werden spirituelle Kulturen gepflegt. Hier kann jeder nach seiner Façon selig werden. Auch dies ist ein guter alter preußischer Weg, mit diesem Thema umzugehen.

Quellen:

Schneller, Ludwig; Die Kaiserfahrt durchs Heilige Land, Leipzig 1899

Schröder, Tilman M.; Preußens Gloria in Jerusalem – Kaiser Wilhelm, die Erlöserkirche und die deutschen Ansprüche im Nahen Osten um 1900. Vortrag im Oktober 2008 www.uni-stuttgart.de/esg/zettelkasten/Kaiser-Wilhelm.pdf

Hertzberg, Hans Wilhelm und Friedrich, Johannes; Jerusalem. Geschichte einer Gemeinde; Kassel 1965 und Jerusalem 1990

Raheb, Mitri; Das reformatorische Erbe unter den Palästinensern; aus der Reihe: Die Lutherische Kirche. Geschichte und Gestalten Bd 11, Gütersloh 1990

34. Rundbrief der Abtei Dormitio B.M.V. Jerusalem. Sonderausgabe zum 100. Jahrestag der Kirchweihe am 10. April 1910

Donnerstag, 11. Februar 2010

Sonnenaufgang am See Genezareth

Blick aus dem Fenster des Gästehauses „Tabgha" am See Genezareth

Christopher Krieghoff
Ein Wintermärchen voller Gegensätze

Im tief verschneiten Nürnberg morgens um dreiviertel fünf bei minus sieben Grad trafen wir uns weisungsgemäß, um die Reise ins Heilige Land anzutreten. Aber die Reise begann mit Warten in der Kälte. Der Bus kam pünktlich erst um fünf.
Geduld wurde auch weiter von uns gefordert: Das Tempo auf der noch nicht vom Schnee geräumten Autobahn war mäßig. Und auch im Flugzeug mussten wir noch eine Stunde warten. Zunächst, weil das Gepäck erst nach uns eingeladen wurde. Auch die Gepäckwagen hatten es schwer im Schnee. Dann standen wir in der Schlange von Flugzeugen, bis auch unsere Maschine enteist werden konnte. Was in Deutschland begann, setzte sich in Israel später dann fort: Die Fahrt mit dem Bus von Tel Aviv nach Tabgha war geprägt vom Stau. Eine Anreise, die Geduld forderte, in eine Region, in der den Menschen unendlich viel Geduld abverlangt wird in dem schon so lange währenden Konflikt zwischen Israelis und Palästinensern.

Zugleich war es eine Anreise der Gegensätze: Auf das frostige Schneetreiben in Nürnberg folgten sommerliche 27 Grad in Tel Aviv. Gegensätze sollten unsere Reise bestimmen. Gegensätze zwischen Bevölkerungsgruppen, Lebensstandards, Religionen. Und immer wieder: Das interessante Land und die spannende Landschaft zwischen grünen Hügeln und der Wüste und die freundlichen Begegnungen auf der einen Seite und die Auswirkungen des permanenten Un-Friedens in der Region auf der anderen.

Überhaupt die Kontrollen. Fuhren wir mit unserem Bus in München doch forsch bis zum ziemlich abgelegenen Terminal für Israelflüge, voller Stolz, uns den langen Fußmarsch zu ersparen. Aber kurz vorm Ziel scheiterten wir an einem Polizisten, der es auch der Pfarrersgruppe aus Nürnberg nicht erlauben wollte, bis zum Schalter vorzufahren. So blieb uns nur, irgendwo auszusteigen und unsere Koffer durch die Schneehaufen zu schleppen. Eine gute Vorbereitung auf eine Region, in der selten die Gerade die kürzeste Verbindung zum Ziel ist.

Und am Schluss dieses Tages empfing uns das komfortable Pilgerhaus in Tabgha am See Genezareth. Und wir saßen draußen unter dem Sternenhimmel – mitten im Februar.

Freitag, 12. Februar 2010

Der griechisch-katholische Bischof Elias Chacour

Christa Salinas

Begegnung mit dem griechisch-katholischen Bischof Elias Chacour im Melkitischen Zentrum in Nazareth

Durch die engen Straßen von Nazareth fährt unser Bus hinauf zum Melkitischen Zentrum. Die Schüler in ihren grünen Schuluniformpullis, die uns auf dem Weg begegnen, grüßen uns freundlich winkend und signalisieren dem Busfahrer den richtigen Weg. Dort angekommen, steht starker Kaffee mit Keksen für uns bereit und wir nehmen in dem einfachen bestuhlten Raum Platz, bis der Bischof lächelnd hereinkommt. Er spricht englisch, doch er versteht gut deutsch (später erfahren wir, dass er 11 Sprachen spricht, sogar vom schwäbischen Dialekt bekommen wir eine Hörprobe). Nach dem Begrüßungszeremoniell halb deutsch, halb englisch, überrascht er uns mit der Frage, warum wir denn hergekommen seien! Wir hätten eine Menge Geld ausgegeben für die Reise, was wir denn nun von ihm erwarten würden. Die Fragen sprudeln nur so. Sie beziehen sich auf die Schule und die Schüler seines Zentrums, also auf die Beobachtungen, die wir auf der Herfahrt gemacht hatten und auf seine aktuelle Tätigkeit.

Und unsere Arbeitsgruppe stellt die Fragen, die wir vorbereitet hatten z.B.:
- Welche Rolle spielen die Christen im Lande im Verhältnis zu Juden und Muslimen?
- Wie ist sein eigener Standpunkt im Dialog der Religionen?
- Welche Rolle spielen die Frauen in der Versöhnungsarbeit?
- Welche Rolle spielen die Seligpreisungen in seiner Theologie?
- Darf er ein politischer Bischof sein oder muss er Politik und kirchliche Arbeit trennen?
- Welche Visionen hat er für die Zukunft?
- Wie können wir Deutsche und besonders die Kirche in Deutschland seine Versöhnungsarbeit unterstützen?

Bischof Chacour nimmt jede Frage mit Interesse auf und verspricht, auf alle Fragen zu antworten. Und nun beginnt er zu erzählen und führt uns mitten hinein in das Problem, bündelt es zunächst in eine Feststellung und in eine Frage: „Da wetteifern zwei Nationen darum, wer mehr Menschen von der anderen Seite umbringt, und dieser Konflikt dauert schon mehr als 100

Jahre. Was ist gut und was ist falsch im Verhältnis zwischen Juden und Palästinensern, und gibt es eine Lösung?"

Er bindet im Folgenden seine Antworten hinein in seine eigene Lebensgeschichte.

Er wurde als arabischer Palästinenser geboren und ist stolz darauf, betont mit Humor, dass er als Baby (wie alle Menschen) geboren und als Christ erzogen wurde. Und er sei auch ein Mann aus Galiläa, so wie der andere Mann aus Galiläa, der hier vor nicht allzu langer Zeit herumgegangen sei, der alles beobachtet und wahrgenommen hat und umgesetzt hat in Gleichnisse vom Reich Gottes. Chacours Vorväter haben sich von ihm in die Nachfolge berufen lassen, sie haben seine Großzügigkeit (generosity) geliebt. Leider wurde er in Jerusalem getötet. Bis heute seien die Palästinenser keine Theologen oder Philosophen, aber sie erzählen die Geschichte des Galiläers und seiner Auferstehung weiter: Er ist nicht hier, er ist auferstanden! Chacour gibt uns den Rat, in der Grabeskirche in Jerusalem ja nicht sentimental zu werden, da sei nur Marmor aus Carrara zu sehen – wir sollten vielmehr aufschauen und dem Mann aus Galiläa folgen, sollten auch nicht zu lange hier im Lande bleiben und nicht noch mehr Probleme mit herbringen, sollten vielmehr in unser eigenes Galiläa, nach Nürnberg gehen, und dort unser Herz für die Menschen öffnen, Vergebung und Frieden verkünden.

Dann fährt er fort und nimmt die Juden ins Blickfeld: Das tragische Los der Juden sei es, Angst vor anderen haben zu müssen. Wenn man das Alte Testament anschaue, dann haben die Juden als Volk den „ruach" (Wind, Sturm) Gottes erhalten, der sie führte und leitete. Der Heilige Geist kam erst nach Jesu Auferstehung und wurde nicht einem Volk zugesprochen sondern jeweils Einzelpersonen, Männern und Frauen. Mit Jesu Geist kam also ein neues Konzept der Erwählung in die Welt: Nicht Juden, nicht Christen, sondern nur exklusiv Mann und Frau, Individuen, werden zum Himmlischen Festmahl berufen: „Wer da glaubt und getauft wird, der wird selig werden, wer aber nicht glaubt, der wird nicht gerettet werden". So haben Juden kein Privileg mehr von Gott. Alle Glaubenden sind Erwählte, sind adoptierte Kinder Gottes.

Vor zwanzig Jahren hat es noch 60 % Christen in Bethlehem gegeben, heute sind es nicht einmal mehr 10 %. Es leben 75 % der palästinensischen Christen im Exil. Was ist Heimat für den palästinensischen Christen? Nichtmal in Palästina ist er daheim, da ist er Staatsbürger Israels. Chacour spricht von der verborgenen Hoffnung, dass man vielleicht einmal in Augenhöhe miteinander leben könne als „Einheit in Verschiedenheit" (unity within diversity), wobei es heute noch nicht vorstellbar ist.

Die Erfahrungen mit Juden schildert Chacour im Folgenden: Als der Staat Israel gegründet wurde, war er ein Junge von 9 Jahren. Als die ersten Juden in sein Dorf kamen, wurden sie als Blutsbrüder (Kinder und Nachfahren Abrahams wie die Palästinenser) herzlich willkommen geheißen. Aber die Juden waren gerade dem Holocaust entkommen und traumatisiert, hatten Angst vor den Palästinensern. Sie schickten sie aus ihren Dörfern, Feldern, Gärten und Pflanzungen weg, vertrieben sie – sie durften nie mehr zurück, bis heute. So wurden sie Flüchtlinge, wenige Kilometer von ihrer Heimat entfernt, sie zogen auf die andere Seite des Jordan, so begann das Flüchtlingsproblem hunderttausender Palästinenser.

Seither halten die Palästinenser fest: Wir haben das Recht, zurückzukehren, aber wir werden es ohne Gewalt tun. Die Flüchtlinge haben bei der Vertreibung ihre Haustürschlüssel mitgenommen, die sind nun das Symbol für das Recht und den Willen, einmal nach Hause zurückzukehren. Viele UN-Resolutionen und politische Verlautbarungen aus aller Welt unterstützen seit Jahren dieses Recht der Palästinenser auf Rückkehr, bisher ohne Wirkung.

Aus der Geschichte wird deutlich, dass es sich im Nahen Osten nicht um einen religiösen Konflikt handelt! Auch keinen Rassenkonflikt – ob Semiten oder Nichtsemiten! Es ist ein Konflikt um das Land, das von Zweien beansprucht wird. Chacour bittet uns, dass wir dazu beitragen mögen, dass die Bibel nicht selektiv interpretiert wird, also dass wir mit der Bibel niemals rechtfertigen dürfen, dass das Land Israel allein gehöre und es deshalb das Recht habe, Nichtjuden zu unterwerfen und sie zu vertreiben oder Menschen 2. Klasse aus ihnen zu machen. Er erinnert an Jesaja: Das Land gehört Gott, sonst niemandem. Und deshalb gehört das Land den Juden und auch den Palästinensern, den Christen, den Muslimen… Keine Partei hat ein exklusives Recht auf das Land. Das Land ist klein, aber groß genug für alle. Chacour zitiert zur Veranschaulichung den Kleinen Prinzen von Antoine de Saint-Exupery: der kleine Prinz kommt einmal auf einen Planeten, auf dem ein König herrscht, und der füllt den ganzen Planeten mit sich selber aus und lässt keinen Platz für andere… So darf es nicht sein.

Chacour wurde im Seminar vom Bischof von Haifa erzogen, wurde bewusster Christ, der die gebrochene Würde seines Volkes wieder heilen wollte. Sechs Jahre studierte er in Paris. Alles hat er vergessen, nur dies nicht: 1. dass Gott die Liebe ist und 2. dass Gott nicht tötet. Damit protestiert er gegen die ständigen Massaker an den Palästinensern.

1965 wurde er zum Priester geweiht und kam nach Ibillin, 20 km von Haifa entfernt. Nur ein paar Wochen sollte er dort bleiben, aber sein Bischof hat ihn dort 38 Jahre lang „vergessen", bis er zum Erzbischof von Akko, Haifa, Nazareth und ganz Galiläa ernannt wurde. Heute sehnt er sich nach der Zeit als einfacher Priester, denn jetzt muss er darum kämpfen, Ruhe und Stille für Gebet und Bibellese zu finden. Es sei ein schreckliches Leben, sagt er mit humorvollem Lächeln.

Und fährt fort: Vieles ist falsch, z.B.: dass die Christen in Scharen nach Rom pilgern, statt an den See Genezareth, zu den Anfängen. Total falsch sind die ständigen Demütigungen, dass man als Palästinenser um Erlaubnisse und seine Rechte betteln müsse.

Er hat die Entscheidung getroffen, sich der jungen Generation anzunehmen, immerhin waren 50 % der Gemeindemitglieder unter 14 Jahren: Schulbildung, Bücherei, Sommercamps, die von bis zu 5000 Kindern besucht werden, und er hat viele Wunder bei der extrem schwierigen Durchführung (z.B. Verpflegung für so viele …) erlebt, er habe einen „Super Jesus" gebraucht, und die Mütter haben dieses Wunder vollbracht. Da waren auch immer viele muslimische Mütter dabei – der Geist weht auch außerhalb der Kirche.

Die Schule hat er zunächst ohne die nötige Genehmigung gebaut, die Behörden haben sie ihm jahrelang verweigert. 700 Kinder besuchen sie, Muslime, Juden, Christen, und sie sind alle Freunde! Es ist eine christliche Schule, so christlich, dass sie nicht ohne die muslimischen und jüdischen Geschwister funktionieren könnte. Wichtig ist ihm, dass die muslimischen Mädchen ihre Kopftücher tragen können so wie die christlichen Nonnen die ihren. Er sagt: „Wir leben nicht im Verheißenen Land, aber wir leben im Land der Verheißungen!"

Und, sagt er, die Solidarität ist so wichtig. Er erzählt, wie er sie in Washington suchte und fand: Als er die Erlaubnis zum Bau einer Turnhalle nicht bekam, flog er kurzerhand nach Washington und tauchte unangemeldet im Privathaus des damaligen Außenministers James Baker auf. Auf die Frage, warum er sich nicht angemeldet habe, sagte er: Wir Männer aus Galiläa machen keine Termine, wir erscheinen einfach (we don't make appointments but appearences). Es gelang ihm, bei Susan Baker ein offenes Ohr zu finden. Sie lud ihn zur Bibelstunde über die Seligpreisungen ein, wo er in einem großen Kreis von Frauen über die Sehnsucht nach Frieden und Gerechtigkeit in Palästina sprechen konnte. Später legte James Baker beim damaligen Premier Yitzak Shamir ein gutes Wort zur Genehmigung der Turnhalle ein. Der Friedensnobelpreisträger Shimon Perez hielt seine erste Friedensrede damals in dieser Turnhalle. Er versprach auch, dass Chacour ab sofort nie mehr Genehmigungen über Washington einholen brauche, sondern direkt bei ihm. Die intensive Freundschaft mit Bakers blieb bestehen.

Chacour betrachtet sich als internationaler Bettler für Hilfe, Solidarität und Freundschaft. Und diese Aufgabe ist ihm wichtig, denn er sagt: Wir sind in den letzten 61 Jahren die Juden der Juden geworden, wir brauchen Hilfe. Und so bittet er auch uns zum Abschluss:

-dass wir unseren jüdischen Freunden sagen, dass die Besetzung
  Palästinas ein Ende haben muss
-dass wir trotz dieser Kritik weiterhin Freundschaft mit Juden pflegen

- dass wir nicht das Vorurteil verbreiten, Palästina sei eine Nation von Terroristen
- dass wir uns auf die Seite Palästinas stellen, aber nicht so, dass wir die Juden zu hassen beginnen
- dass wir erzählen von der schrecklichen Mauer und den damit verbundenen Demütigungen
- dass wir eine Brücke des Friedens, eine Verbindung über die Mauer hinweg bauen
- dass wir nicht belehren, wie Juden, Christen und Muslime miteinander leben sollen, sondern dass wir alle daran erinnern, dass es solches friedliches Zusammenleben in der Geschichte immer wieder gegeben hat und möglich ist!!!

Nach den Dankes- und Verabschiedungsworten fragen wir, was die arabischen Worte auf dem Plakat bedeuten, das an der Wand hinter dem Sessel Chacours angebracht ist und auf das unsere Blicke während des Gesprächs fallen:
Gott liebt mich mit ganz besonderer Liebe.
Gott liebt uns ohne Limit.

Als wir gegen 12 Uhr Mittags das Melkitische Zentrum verlassen, tönt uns der Ruf des Muezzin entgegen. Viele von uns kaufen das Buch über Elias Chacour „Israeli, Palästinenser, Christ", das er vor unseren Augen signiert und persönlich überreicht, denn wir wissen, dass der Erlös aus dem Verkauf direkt seiner Friedensarbeit zugute kommt, die wir gerne unterstützen.

Info: Bücher von und über Elias Chacour
Elias Chacour, Und dennoch sind wir Brüder, 1988
Elias Chacour, Auch uns gehört das Land, 1993
Elias Chacour – Israeli, Palästinenser, Christ, Sein Leben erzählt von Pia de Simony und Marie Czernin, Herder Verlag 2007

Infos zur Entstehung und Geschichte der Melkitischen Griechisch-Katholischen Kirche kann man sich gut selber über Google beschaffen.

Freitag, 12. Februar 2010

Die Verkündigungskirche in Nazareth

Jochen und Lotte Ackermann
Verkündigungskirche Nazareth

Nach der Begegnung mit Bischof Elias Chacour bringt uns der Bus ins Zentrum der Stadt. Laute und zornige Worte empfangen die Gruppe: Auf dem Platz unterhalb der Verkündigungskirche findet eine muslimische Demo statt. Vor Jahren sollte hier eine Moschee gebaut werden. Zunächst wurde der Bau genehmigt, dann aber untersagt. Seitdem wird jeden Freitag unter freiem Himmel gepredigt – und es klingt nicht freundlich!

Nach einem Augenblick der Stille in der „Synagogenkirche" („Der Prophet gilt nichts in seiner Vaterstadt") gehen wir zur Verkündigungskirche: „Der Engel trat bei Maria ein und sagte: ‚Sei gegrüßt, du Begnadete, der Herr ist mit dir.'" (Lukasevangelium 1, 28).

Erst einmal ein wenig Geschichte: Nazareth lag zunächst abseits der alten Pilgerwege. Die erste Kapelle wurde vermutlich Mitte des 4. Jahrhunderts errichtet: Der spanischen Pilgerin Egeria, die Nazareth 383 besuchte, wurde eine „große und sehr prächtige Höhle gezeigt, in der Maria gelebt hat. Ein Altar ist dort aufgestellt worden". Im Jahre 570 wurde an der Stätte eine Kirche errichtet. Noch heute gibt es ein Mosaik aus dem 4. oder 5. Jahrhundert. In byzantinischer Zeit soll es sogar drei Kirchen in Nazareth gegeben haben, die an Orte der Familie Jesu erinnerten. Zur Zeit der Eroberung der Kreuzfahrer 1099 lagen allerdings alle Kirchen in Nazareth wieder in Ruinen.

Der Ritter Tancred, Prinz von Galiläa, ordnete den Bau einer neuen Kathedrale über der Höhle in der Mitte des Ortes an. Sie sollte die größte der von den Kreuzfahrern im Lande errichteten Kirchen werden. 1170 wurde die Kreuzfahrerkathedrale von einem Erdbeben zerstört. Eine Reihe von Abkommen sicherte die Möglichkeit christlicher Pilgerschaft zur Grotte der Verkündigung für die nächsten hundert Jahre, auch nach 1263, als die Stadt geplündert und ihre Kirchen auf Befehl des Mameluckensultans Baibars zerstört worden waren. Pilgerbesuche in Nazareth wurden erst 1291 nach dem Fall von Akko und der endgültigen Vertreibung der Kreuzfahrer aus den verbliebenen „fränkischen" (die letzten Kreuzritter waren Franken!) Siedlungen und den Burgen entlang der Küste eingestellt.

Erst 1620 sind wieder Christen in Nazareth zu finden, als der drusische Emir Fakhr-ad-Din den Franziskanern gestattete, die Ruinen der Kreuzfahrerkathedrale und der Grotte zu erwerben. 1730 erlangten die Franziskaner einen Erlass des osmanischen Sultans, der ihnen den Bau einer neuen Kirche an dieser Stätte ermöglichte. Diese wurde 1877 vergrößert und schließlich 1955 für die Errichtung eines neuen Sakralbaus völlig abgetragen.

Die heutige Verkündigungsbasilika wurde von dem Architekten Giovanni Muzio entworfen und besteht aus zwei Ebenen. Die Oberkirche entspricht dem Grundriss der Kreuzfahrerbasilika aus dem 12. Jahrhundert und birgt deren teilweise restaurierte Apsiden im Osten. In der Unterkirche liegt die byzantinische Grotte.

Die neue Basilika gilt als der größte christliche Sakralbau im Nahen Osten. Sie wurde 1964 von Papst Paul VI. während seines historischen Besuchs im Heiligen Land feierlich geweiht. An dem zusätzlichen ökumenischen Gottesdienst zwei Tage später nahmen Prälaten und Geistliche der griechisch-orthodoxen, der armenischen, koptischen, äthiopischen, syrischen und lutherischen Kirchen teil.

Über die Schönheit bzw. mangelnde Schönheit des Baus konnten die Mitglieder der Reisegruppe trefflich streiten; – beeindruckend sind jedoch die Größe der Kirche und die Spuren der römisch-katholischen Marienverehrung in aller Welt (Mosaike und Votivdarstellungen im Hof).

Und dann ist uns Maria erschienen: Da unterhielten wir uns (ganz leise) über die Gestaltung der Kirche – und eine Reinigungsfrau zischte uns zornig an: „Silence here!" Gut, dass sie das damals nicht dem Erzengel gesagt hatte.

Die Verkündigungskirche in Nazareth - Eine Maria aus Rumänien neben anderen Darstellungen.

Freitag, 12. Februar 2010

Der Berg der Seligpreisungen am See Genezareth

Barbara Hauck und Ulrike Hink
Tabgha, Kapernaum und Berg der Seligpreisungen

Bischof Elias Chacour in Nazareth hat ein quasi nachbarschaftliches Verhältnis zu IHM. Er nennt ihn: den Bauern-Kameraden von nebenan. Und er hat recht: Jesus von Nazareth, in Bethlehem geboren und in Galiläa aufgewachsen, hat den größten Teil seines Lebens rund um den See Genezareth verbracht. Es ist seine Landschaft, es sind seine Bilder, die sich hier ausbreiten vor den Augen und mit allen Sinnen erfahrbar sind. Es war diese Landschaft, die uns umfing in den ersten Tagen unserer Reise: das Grün der Weiden und Felder, die hell glänzenden Olivenbäume, der dunkelrote Mohn an den Wegrändern, der gelbe Ginster, der an den Hängen blühte. Über dem See lag silbriger Dunst. Und wer ganz früh aufstand und zum See ging, konnte dem Klippschliefer begegnen. Das kleine braune Fellknäuel turnte in der Morgensonne über die Felsen am Ufer.

In dieser Landschaft also war er unterwegs mit seinen Jüngern und Jüngerinnen, Kapernaum und Magdala, Tiberias und ... Auf diesen Wegen lief er mit staubigen Füßen, an den Hängen sammelte er seine Zuhörer um sich, am Seeufer traf er die Fischer und die Frauen. Und wenn er seine Ruhe haben wollte, zog er sich alleine zurück oder fuhr mit dem Boot aufs Wasser hinaus. Die Weite und Schönheit der Landschaft beflügelt die Phantasie bis heute.

Die byzantinischen Bodenmosaike in der Brotvermehrungskirche in Tabgha – stellen sie auch eine Nillandschaft dar – lassen doch auch Assoziationen zur Schönheit dieser Landschaft zu: Vögel und Bäume, zwitscherndes Leben, mit kleinen Steinen gemalt. Und natürlich die zwei Fische und die Brote im Korb. Die Schlichtheit der Kirche, die Schönheit der Darstellung ist berührend. Es braucht gar nicht viel. Ein paar Blumen, ein paar Bäume, der Blick über die Felder. Und immer wieder der See. Das genügt.

Freilich nicht allen. Aus Kapernaum ist zwar noch kein „Bible-Park" geworden, wie eine Gruppe frommer Investoren das immer wieder mal beantragt, aber die Idee ist nachvollziehbar. Das Geschäft könnte sich lohnen. Der Busparkplatz ist voll. In großen Scharen strömen sie dem Eingang zu: Pilger aus dem österreichischen Kärnten wie dem amerikanischen Bible-Belt.

Wer das Kassenhäuschen passiert, dessen Blick fällt auf das sogenannte Haus des Petrus. Man hat es vor einigen Jahren überbaut mit einer Kirche von eindrucksvoller Hässlichkeit. Wie ein gigantisches Ufo streckt sie ihre Betonstreben über die Reste eines galiläischen Bauernhauses. Davor steht eine Statue: ein überlebensgroßer Bronze-Petrus schreitet mit energischem Schritt und wehendem Gewand nach Süden. Gen Jerusalem?
„Geht nicht nach bloody Jerusalem", hatte uns Elias Chacour gesagt. „Und wenn, dann werdet ihr in der Grabeskirche lesen können: Er ist nicht hier… Ihr müsst nur das ganze Kerzenwachs abkratzen, das auf die Stelle getropft ist, an der er auferstanden sein soll."

Der Berg der Seligpreisungen gehört auch zum obligatorischen Programm aller Pilger-Reisenden: die Kuppelkirche, der Garten mit den Palmen, die grandiose Aussicht.
Eine kleine Gruppe entschließt sich, den Weg nach Tabgha unten am Seeufer zu Fuß zurückzulegen, und so geht es auf einem schmalen Wanderpfad durch blühende Wiesen mit knallroten Anemonen und lichtblauen kleinen Lilien auf dem Hügel zu einem Aussichtspunkt mit einem wunderbaren Blick auf den See Genezareth. So unterwegs wie damals auch Jesus kann sich bei dem einen oder der anderen tatsächlich das Gefühl einstellen auf seinen Spuren und in seiner Nachfolge zu wandeln und manch eine biblische Szene taucht vor dem inneren Auge auf.

Ein meterhoher Stein mit der Inschrift: Gehet hin in alle Welt… kurz vor dem Abstieg erinnert denn auch alle deutlich an IHN.
Zurück im Pilgerhaus lockt das leckere und reichhaltige Büffet und es bleibt nur wenig Zeit, bis sich alle wieder am hauseigenen Gottesdienstplatz unter freiem Himmel mit Blick auf den See zusammenfinden. Eine stimmungsvolle Abendmahlsfeier stärkt unseren Glauben und die Gemeinschaft.

So inspirierend der Tag durch die Begegnung mit Bischof Chacour begonnen hat, so erfüllt klingt er aus bei einem Glas in netter Runde unter freiem Himmel am See – mitten im Februar.

Der Weg vom Berg der Seligpreisungen zurück zum Gästehaus am See Genezareth

Samstag, 13. Februar 2010

Die Taufstelle am Jordan mit Tauffeier

Der Blick vom Berg der Versuchung über das Jordantal

Thomas Grieshammer
Versuchungen am Jordan und in Jericho

Was bewirkt eigentlich eine Reise ins Heilige Land? Werden politische Fragen beantwortet? - Bei mir sind eher neue Fragen aufgebrochen. Wird mein historisches Interesse geweckt? - Die Ruinen Jerichos als ältester Stadt der Welt haben es bei mir angeregt. Oder wird das religiöse Bedürfnis befriedigt, Gott irgendwie näher zu sein? Gerade am Jordan fallen die Menschen reihenweise in Verzückung. Mit Bussen werden sie aus aller Welt herangeschafft, um hier ihre Taufe zu feiern. Fernsehkameras berichten für religiöse Sender von dem Geschehen. Und ich stehe daneben und wundere mich. Ist eine Taufe im Jordan mehr wert? Was gibt es da zu sehen, was im Fernsehen übertragen werden könnte? Oder lässt sich „Glaube" damit besser vermarkten? Ich gehe von der angeblich historischen Taufstätte Jesu zurück. Der einzige Weg zu unsrem Bus führt durch einen Andenkenladen. Da gibt es eine Dornenkrone Jesu in einem barocken Glasrahmen, Wasser vom Jordan, gesegnete Devotionalien. Wieviel „Heiliges" soll ich mitnehmen? Da kommt mir der Verkäufer aus meiner Jugend in einem Einzelhandelsgeschäft in den Sinn, der jeden Einkauf mit dem Satz beendete: „Darf es ein bisserl mehr sein?" Nein, hier langt es mir. Ich lasse alles stehen. Irgendwie verstehe ich den Zorn Jesu, der im Tempel die Tische der Wechsler umwarf. Ich bin froh, die „heilige" Taufstelle verlassen zu dürfen. 30 Minuten waren zu viel. - Aber warum geraten andere gerade an dieser Stelle in Verzückung, strecken entrückt die Arme in die Höhe und säuseln „Halleluja". Naja, der Heilige Geist weht, wo er will, und vielleicht auch hier. Ich will es einmal hoffen.
Gut, dass die Fahrt nach Jericho weiterführt zu den Ruinen der Ausgrabung und dann hoch auf den Berg der Versuchung Jesu.
Dort oben im orthodoxen Kloster habe ich einen weiten Blick über das Jordantal, Abstand von den religiösen und politischen Geschäften der Welt. Ich verstehe Jesus, dass er sich hier zurückzog, um seinen Weg zu bedenken. Hier wurde er mit drei Fragen konfrontiert: Sollte er die materiellen Sehnsüchte stillen und Steine zu Brot werden lassen? – Sollte er die religiösen Sehnsüchte befriedigen und sich vom Tempel durch Engel herabtragen lassen? Oder sollte er als religiöser Führer die Welt beherrschen?
Jesus lehnte alles ab und ging den Weg, der Böses mit Gutem überwand und der ihn ans Kreuz führte und uns neues Leben durch Ostern eröffnete. Ein Weg, der den religiösen Rummel mied – Gott sei Dank.

Samstag, 13. Februar 2010

Die evangelische Auguste-Viktoria-Kirche auf dem Ölberg

Blick vom Ölberg auf den Tempelberg am Abend

Christina Thiele und Andreas Krestel
Die evangelische Auguste-Viktoria-Kirche auf dem Ölberg

Es war der dritte Tag unserer Studienreise. Jericho lag hinter uns, Jerusalem im Nachmittagsdunst auf den Hügeln vor uns. Wer sich auf einer Route von 400 Metern unter dem Nullpunkt auf etwa 800 Meter über dem Meer an Jerusalem annähert, wird sich wohl auch an die Schönheit der Steinwüste, an wellblechumhüllte Nomadenzelte und an die grauen jüdischen Siedlungen vor der Stadt erinnern.

Doch jedem wird der erste Blick auf den Felsendom und die Stadtmauer in Erinnerung bleiben. Umso mehr, wenn sich die Stadt wie bei uns im Licht der fahlen Frühlingssonne präsentiert. Eindrücklich das steil abfallende Kidrontal, die aufragenden Minarette und Kirchen sowie die vielen Gräber beim Goldenen Tor.

Der Aussichtspunkt in der Nähe der Auguste-Viktoria-Stiftung bot sich geradezu für einen Fotostopp an.

Wir stiegen aus, sogen die nach Asphalt und Feuchtigkeit riechende Luft ein. Trotz der Abgase atmete es sich leichter in dieser Höhe als in der Wüstenoasenstadt Jericho.
Viele Touristen hatten sich hier versammelt. Wir hörten Worte aus dem Alten Testament und lauschten gebannt vom Blick auf die heilige Stadt auf die alten biblischen Verheißungen.
Nur schwer konnten wir uns vom Anblick der Altstadt lösen, um unseren Besuch in der von Kaiser Wilhelm II. erbauten Himmelfahrtkirche anzutreten.

Welch eigenartiges Gefühl, sich in weiter Ferne von heimischen Pfarrern und deutschen Kirchenbauten umgeben zu finden. Schon bevor wir das Kirchengebäude betreten hatten, fanden wir den Namen unseres jetzigen Landesbischofs Dr. Johannes Friedrich in Stein gemeißelt als Erinnerung an seine Renovierungsarbeiten der Himmelfahrtkirche.

Pfarrer Wohlrab, der mit seiner Frau das dortige Pilger- und Begegnungszentrum leitet, erklärte uns im Garten zunächst die Veränderungen, die die Landschaft und das Zusammenleben der Menschen durch den Bau der

Mauer erfahren haben: Familien, die gegenüber des Ölbergs in dem Dorf El Ayzariyeh (biblisch „Bethanien") leben, können nicht mehr auf dem direkten Wege nach Jerusalem kommen.

Es gibt vier „Seinsarten" eines Palästinensers: Zunächst den Bürger Israels, der im israelischen Kernland lebt, dann den Einwohner Jerusalems mit dem blauen Autokennzeichen, den Bewohner der Westbank mit einem grünen Schild und zuletzt den, der im Gazastreifen lebt.

Für jeden gelten andere Rechte. So muss sich der Küster der Himmelfahrtkirche, der mit seiner Familie in einem Haus in El Ayzariyeh wohnt, in Jerusalem eine Wohnung anmieten, um in der Kirche arbeiten zu können. Zu Fuß würde er von der Kirche aus in zwei Minuten bei seiner Familie sein, während die Fahrt über den nächsten Checkpoint 20 Kilometer beträgt. Die Mauer trennt auch hier wie einst in Deutschland Freunde und Familien.

Auch wenn sie manche Bewohner zu sichern scheint, wurde mir hier zum ersten Mal bewusst, dass Jerusalem die Stadt mit den meisten Mauern – äußerlich wie innerlich – ist. Als Pfarrer Wohlrab aus seiner Zentrumsarbeit berichtete, wurden die Spannungen zwischen Palästinensern und Juden immer wieder deutlich. In der wie auch in Deutschland oft so bitterkalten Kirche erfuhren wir viel über die Bau- und Renovierungsarbeiten wie auch über die hier vorhandenen Kunstschätze. Die Kirche wurde in den Jahren 1907 bis 1910 auf Anregung der Frau von Kaiser Wilhelm II. gebaut. Der Marmor stammt aus Italien, die Orgel von Sauer. Die Turmglocken aus Apolda wurden von Hamburg nach Jaffa verschifft und von 24 Mauleseln auf der eigens dafür gebauten Straße nach Jerusalem gebracht. Kaiser Wilhelm ließ alle Kreuzfahrerkönige in der Kirche abbilden – mit Ausnahme des französischen, dem damaligen Erbfeind. Er sah sich in der Tradition der Stauferkönige: Er wollte keinen Kampf, sondern einen Kreuzzug durch Verhandlung.

Die Bildungsarbeit des Ehepaars Wohlrab ist geprägt von der politischen Spannung: Radikale Palästinenser und (national-)religiöse Juden finden momentan anscheinend keinen Weg des friedlichen Miteinanders ohne Mauern. Es ist kaum mehr möglich, dass gemeinsame Begegnungstreffen abgehalten werden können. Diese Treffen scheitern oft schon im Vorfeld an der fehlenden Anreisegenehmigung für die eingeladenen Palästinenser.

So wurde schon unser „Einzug in Jerusalem" überschattet von der politischen Spannung, die uns auch in den nächsten Tagen immer wieder begegnen würde. Zum Abschluss des Tages kehrten einige von uns in Westjerusalem in einem von Studenten und Touristen belebten Einkaufsviertel ein. Auf der Fußgängerzone tanzten weiß gekleidete, junge Männer in langen Kleidern mit dem Gewehr auf dem Rücken und der Kippa auf dem Kopf ausgelassen zu einer militant-dröhnenden Techno-Musik. Die Fahrzeuge, mit denen sie gekommen waren, zeigten propagandistische Bilder.

Die Schönheit des Nachmittags war für mich der Dunkelheit und Kälte des Abends gewichen. Wir waren angekommen in der „unheiligen heiligen" Stadt

Sonntag, 14. Februar 2010

Die Erlöserkirche von der Dormitio aus

Der Gottesdienst in der Erlöserkirche

Andrea Möller und Christa Salinas
Abendmahlsgottesdienst in der Erlöserkirche

Seht, wir gehen hinauf nach Jerusalem, und es wird alles vollendet werden, was geschrieben ist durch die Propheten von dem Menschensohn." Das war der Wochenspruch am 14. Februar 2010, an dem wir nicht nur im Geist, sondern wirklich nach Jerusalem hinaufgegangen sind und dort am Sonntag Estomihi den Abendmahlsgottesdienst in der Erlöserkirche mitgefeiert haben.
Da der Gottesdienst erst um 10.30 Uhr begonnen hat, hatten wir die auf dieser Reise eher seltene Möglichkeit, den Tag einigermaßen ruhig angehen zu lassen, sei es mit Ausschlafen und einem ausgedehnten Frühstück, sei es mit ersten Erkundungstouren in der Stadt.

Der Weg vom Lutherischen Hospiz, der Unterkunft der meisten von uns, zur Erlöserkirche war nicht weit. In dem gut besuchten Gottesdienst wurde von Probst Dr. Uwe Gräbe nicht nur die neue Gemeindesekretärin Meike Berghaus, sondern auch der neue Pfarrvikar Martin Brons, der aus Kraftshof stammt, eingesegnet. Mitgewirkt haben bei der Lesung Dekan Michael Bammessel und bei der Einsegnung Pfarrer Christian Kopp.

Mitgestaltet wurde der Gottesdienst auch vom Chor der Erlösergemeinde unter der Leitung von Elke Pfautsch, der neben einem Choral das „Gloria Patri", „Hallelu et Adonai" und „Hebe deine Augen auf zu den Bergen" gesungen hat.

In der Kirche war es nicht besonders warm, und ein älteres Ehepaar monierte, dass nicht geheizt sei. Beim Gedanken an die arktischen Temperaturen in Nürnberg haben wir gerne eine leichte Sommerjacke übergezogen und uns an der fehlenden Heizung nicht weiter gestört.

Nach dem Gottesdienst hat die Gemeinde zum Zusammensein im Kreuzgang der Propstei eingeladen, wo Gelegenheit für Grußworte war. Dekan Dirk Wessel, der in seinem Vikariat vor vielen Jahren Martin Brons als Präparand unterrichtet hatte, überbrachte die Grüße aus Nürnberg. Lebkuchen als Mitbringsel aus der fränkischen Heimat durften hier natürlich auch nicht fehlen.

Dirk Wessel erinnerte sich, dass Martin Brons ein sehr freundlicher Junge war, der ein großes Wissen hatte und sich in vielen Bereichen gut auskannte. Lediglich in der Landwirtschaft waren Martin Brons die Kameraden aus Kraftshof überlegen, und er konnte hier von ihnen lernen, z.b. wie groß der Abstand beim Zuckerrübenstecken sein muss.

Im Kreuzgang war mancher Pilger aus Deutschland zu treffen, z.b. Pfarrer Burmann aus Neu-Ulm mit einer Reisegruppe und ein Ehepaar aus Nürnberg-Johannis, die sich gefreut haben, ihren Gemeindepfarrer Jochen Ackermann zu treffen.
Bei Tee, Kaffee und Plätzchen ist das Treffen ausgeklungen und wir sind gestärkt für neue Unternehmungen weitergezogen.

Waltraud Nüßlein-Häfner und Karlheinz Häfner
Jerusalem – Sightseeing der besonderen Art

In Fürth oder wo hat ein Mann oder wer seine Frau oder wen erschlagen oder was. Wenn Sie Fürth durch Jerusalem ersetzen, haben Sie in etwa eine Vorstellung von Inhalt und Präzision der Stadtführung, die Herr Fisherman bot.

Angekündigt war er als Theresienstadt-Überlebender, der dazu befragt werden könne. Hier die Erklärung, warum das niemand tat: Jede Station seiner Führung endete mit einem „Witz", der das Prädikat „frauenfeindlich" redlich verdiente. Die Weiblichkeit der Gruppe blickte versteinert, niemand konnte lachen. Weil das so war, hatte der Gute Zweifel, ob wir so ganz bei Trost wären. Seine Vermutung kleidete er natürlich in einen Witz: Eine Mutter erfährt, dass der IQ eines Genies bei etwa 140 liegt. Da stellt sie fest: „Dann ist mein Sohn ein halbes Genie."

Als solche besuchten wir dann unter seiner Leitung die historischen Stätten der Jerusalemer Altstadt, das Grab von König David zum Beispiel. Frauen sahen es durch ein Gitter, wir Männer durften die Gebeine Davids direkt und Kippa tragend im Sarg vermuten. Interessant ist allerdings, dass der Saal des letzten Abendmahls über Davids Grab lokalisiert wird, um die Herkunft Jesu aus dem Geschlecht Davids zu verdeutlichen. Es war ein Erlebnis, auf dem Pflaster der Römerstraße zu stehen, die einst Jerusalem durchschnitt, auf dem auch Jesus hätte gelaufen sein können, genauso wie die Überreste des ersten und zweiten Tempels, der Stadtmauer Nehemias und der Kreuzfahrerzeit zu sehen.

Zwischen seinen Witzen streute Herr Fisherman Anekdoten ein: Die Ramban-Synagoge hatte beim Besuch Wilhelm II. im Jahre 1891 noch keine Kuppel. Warum das so sei, wollte der deutsche Kaiser wissen. Die Antwort, dass die Synagoge damit den Hut vor ihm ziehe und sich verbeuge, veranlasste ihn, die Kuppel zu spendieren (in Fürth oder wo ...).

Skurril empfand ich die Schilderung des Lebensgefühls der ultraorthodoxen Juden: Der schwarze Anzug, die Locken an den Schläfen, der Hut dienten dazu, zu zeigen, wer sie sind, und unterschieden sich deshalb nicht von Pfarrern im Talar oder von Nonnen in Tracht. (Gesichert ist jedenfalls, dass diese Kleiderordnung dem osteuropäischen Judentum entstammt und hier – trotz des völlig anderen Klimas – weiterhin getragen wird. Dazu gehört auch der große runde Pelzhut, der den Mann am Sabbat und an Yom-Kippur, dem Großen Versöhnungstag ziert.) Die Haltung, keiner Frau die Hand zu geben, um nicht unrein zu werden, keine Frau beim Singen hören zu wollen, und es die einzige Sorge der Ultraorthodoxen sei, dass die Frau keinen Mann verführt und verheiratete Frauen deshalb Perücken und Wollstrümpfe tragen, führte er darauf zurück, dass ultraorthodoxe Männer stets an Sex denken (in Fürth oder wo ...). Wahr mag sein, dass in Straßen, die von Ultraorthodoxen bewohnt werden, am Sabbat durchaus Steine auf Besucher fliegen können, weil sie den Sabbat nicht einhalten.

Nachdem Herr Fisherman eisern ignorierte, dass die Gruppe über die Grunddaten der Geschichte Israels Bescheid weiß, sank das Interesse an der Führung rapide, weshalb das Geschehen ringsum stärker ins Blickfeld rückte: Ein junges Paar in Zivil küsste sich intensiv. Damit das möglich wurde, schoben beide ihre umgehängten Maschinenpistolen auf den Rücken

– merkwürdig. Kurz darauf begegnete uns ein älterer Herr, ebenfalls mit umgehängter Waffe. Ich stellte mir vor, wie das wohl in der Nürnberger Fußgängerzone wirken würde. Es dauerte, bis ich realisierte: Das ist hier „normal". Bald darauf fielen mir Bewaffnete nicht mehr auf, anscheinend der Gewöhnungseffekt. Die Begegnung am Zionstor mit einer bewaffneten Einheit junger israelischer Soldatinnen und Soldaten, die vermutlich ihre Grundausbildung absolvieren, ließ die besondere Situation Israels sinnenfällig werden. Ein Offizier erklärte Kampfhandlungen, die hier während des 6-Tage-Krieges stattfanden, ernst und konzentriert hörten die 19-, 20-Jährigen zu. Kurz darauf trafen wir sie während ihrer Pause – unbeschwert und locker miteinander schäkernd. Genau solche junge uniformierte Menschen erlebten wir am Flughafen und beim Grenzübertritt nach Jordanien – nichts von Unbeschwertheit und Lockerheit, die haben hier Pause.

Was mir noch auffiel: 1992 war ich zum letzten Mal in Israel, seither hat sich das Stadtbild gravierend verändert. Nur wenige Palästinenser und Araber sind zu sehen, wohl die deutlichste Auswirkung der Mauer.

Die Führung endete an einem Baum, auf dem der Pfeffer wächst. Nun wissen wir also sicher, wo das ist.

Herr Fisherman kündigte an dieser Stelle eine Geschichte an, die wirklich wahr wäre. Auf Grund des umgebenden Stimmengewirrs war sie leider nicht zu verstehen. Schade, ich hätte sie gerne erzählt ...

In den Gassen von Jerusalem

Sonntag, 14. Februar 2010

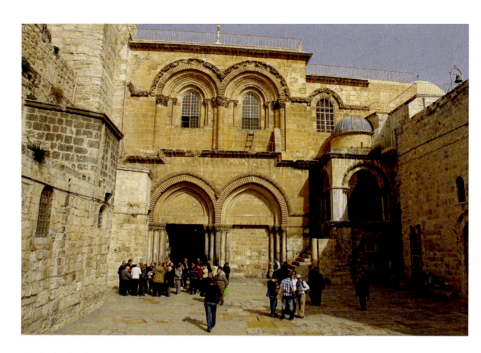

Die Grabeskirche

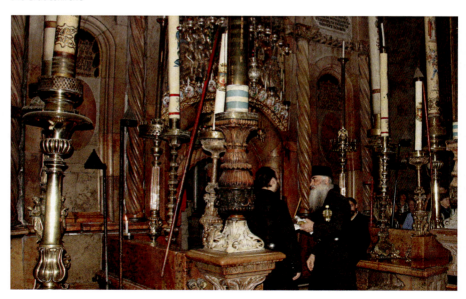

Klaus Firnschild-Steuer
Die Grabeskirche

Nur ein kleines Häuflein unserer Reisegruppe entschied sich dafür, die Grabeskirche unter fachkundiger Führung durch Frau Pfarrerin Dr. Petra Heldt zu entdecken.

Merkwürdig, oder? Ist diese Kirche doch für die Christen aller Konfessionen der Mittelpunkt jeder Pilgerschaft: die „Mutter aller Kirchen", wie sie von Johannes von Damaskus bezeichnet wurde. Hier trifft der Pilger auf den Grund seines Glaubens, auf das Herz des Christseins: In der Grabeskirche sind Tod und Auferstehung Jesu vereint, sie überdeckt den Hügel Golgatha und das Grab Jesu. Kein Wunder, dass die Grabeskirche von vielen Seiten beansprucht wird. Grabeskirche wird sie nur von westlichen Konfessionen genannt, die orthodoxen Christen bezeichnen das Gebäude als Auferstehungskirche (Anastasis). Seit dem Mittelalter teilen sich mehrere Konfessionen die Rechte an der Kirche. Heute ist die Grabeskirche in der Hand sechs christlicher Konfessionen: Die Hauptverwaltung der Kirche haben die Griechisch-Orthodoxe, die Römisch-Katholische (Franziskaner) und die Armenische Apostolische Kirche inne. Im 19. Jahrhundert kamen die Syrisch-Orthodoxe Kirche von Antiochien, die Kopten und die Äthiopisch-Orthodoxe Tewahedo-Kirche hinzu. Sie bekamen nur einige kleinere Schreine und Aufgaben zugeteilt, die Äthiopier auf dem Dach der Kirche. Dieses Deir al-Sultan-Kloster wird jedoch von den Kopten beansprucht und ist seit 2004 einsturzgefährdet. Der Streit verhindert jedoch eine Renovierung. Protestantische Konfessionen sind in der Kirche nicht vertreten. Freilich gab es durch diese Situation immer wieder Streitigkeiten, ja selbst um Quadratzentimeter wurde gestritten. Diese Streitigkeiten wurden vor einem osmanischen, muslimischen Richter ausgetragen. Die Konfessionen haben keinerlei Rechte an der Gesamtkirche. Während der muslimischen Herrschaft über Jerusalem waren in der Grabeskirche praktisch keine Baumaßnahmen möglich. Zum einen fehlte wegen der hohen Steuerlasten das Geld, zum anderen musste jede geplante Aktivität genehmigt werden, und diese Verfahren zogen sich offenbar Jahrzehnte hin und verursachten weitere Kosten und hohe Bestechungsgelder. Neubauten waren erst gar nicht zugelassen, und Restaurierungen nur in wenigen Fällen. Außerdem waren die Christen gegenüber den Muslimen tributpflichtig. Die Kirchenschlüssel lagen und liegen bis heute in Händen muslimischer

Familien. Die Grundlage, um Streit in der Grabeskirche zu vermeiden, ist der sogenannte „Status quo" aus dem Jahr 1852, der von der osmanischen Regierung in Absprache mit den Konfessionen festgelegt wurde. Er gilt über alle politischen Veränderungen und Umstürze hinweg noch heute. Die israelischen Behörden beließen die festgesetzte Aufteilung, nachdem die Altstadt nach dem Sechstagekrieg 1967 unter ihre Verwaltung kam. Die komplizierten Besitzverhältnisse erschweren bauliche Maßnahmen, da jede Veränderung eine Verletzung des Status quo verursachen könnte. So steht zum Beispiel eine längst sinnlos gewordene Holzleiter an der Fassade über dem Hauptportal, die niemand entfernen kann. Sie diente im 19. Jahrhundert den Mönchen zum Einstieg in die Kirche, wenn die Tore behördlich geschlossen waren. Seit vielen Jahrzehnten laufen Bestrebungen, sie zu entfernen, doch es ist nicht geregelt, wer das Recht dazu hätte.

Natürlich sind auch die Gottesdienst- und Gebetszeiten der jeweiligen Konfessionen genau geregelt und aufeinander abgestimmt. Trotzdem kommt es immer wieder zu Streit, wenn sich eine Konfession nicht genau an die Vereinbarungen hält.

Frau Dr. Heldt führte uns zunächst in die Baugeschichte der Grabeskirche ein. Helena, die Mutter des Kaisers Konstantin, reiste um das Jahr 325 in das Heilige Land, um die heiligen Stätten der christlichen Überlieferung zu finden. Sie erhielt den Hinweis, dass sich das Grab Christi unter einem von den Römern errichteten Venustempel befände. Helena ließ dort nach dem Grab suchen und fand drei Kreuze. War eines davon das Kreuz Jesu? Helena legte nacheinander die Kreuze auf einen Leichnam. Das Kreuz, das den Toten zum Leben erweckte, erkannte Helena als das richtige Kreuz an. Auch das Grab Christi wurde gefunden, als Helena und Konstantin den Venustempel abtragen ließen. Über dem Felsengrab wurde eine Rotunde errichtet, an die sich nach Osten eine fünfschiffige Basilika anschloss. Der eigentliche Felshügel Golgatha blieb frei stehen. Beide Gebäude wurden 614 von den Persern zerstört, doch schon 629 von den Byzantinern nach alten Plänen wieder aufgebaut. Es folgte eine vielfältige Bau- und Zerstörungsgeschichte, die ein Spiegelbild der politischen Kämpfe um Jerusalem ist. Es würde zu weit führen, diese in aller Ausführlichkeit darzustellen. Zu nennen ist aber die Zerstörung der Grabeskirche im Jahr 1009 unter Kalif al Hakim. Kein Stein sollte auf dem anderen bleiben. Das verhasste Grab war bis auf die unteren Steinschichten zerschlagen, Rotunde und Basilika wurden zerstört. Ein Trümmerfeld blieb übrig. Zügig wurde allerdings der Wiederaufbau vorangetrieben. Mit dem Einzug der Kreuzritter in Jerusalem setzte auch in der Grabeskirche eine rege Bautätigkeit ein, die sich in vielen Erweiterungen aus dieser Zeit noch heute zeigen. Der Eindruck, den man heute von der Grabeskirche gewinnt, geht auf den großen Brand in der Grabeskirche im Jahr 1808 zurück. Das Feuer zerstörte große Teile der Grabeskirche, selbst das große kegelförmige Dach stürzte ein und fiel auf das Heilige Grab. Wie durch ein Wunder blieb die innere Grabkammer unbeschädigt. Die Kirche wurde daraufhin in den Jahren 1808–1810 im Grunde neu errichtet. Nur die gröbsten Linien blieben gewahrt. Ein weiterer Einschnitt für die Kirche war das Erdbeben im Jahre 1927. Für das ganze Gebäude bestand akute Einsturzgefahr. Aus dieser Zeit stammen die Holz- und Stahlträger, die 1927 und 1942 eingebracht wurden, um die Mauern und Pfeiler der Rotunde zu sichern. Erst im Jahr 1960 wurde eine gemeinsame Restaurierung beschlossen, die 1978 im Wesentlichen abgeschlossen wurde. Jede Konfession arbeitete dabei mit eigenen Architekten und Archäologen, aber nach einem gemeinsamen Konzept. Möglichst viel originales Mauerwerk sollte dabei im Bau verbleiben.

Das Heilige Grab ist der einzige gemeinsame Besitz aller Konfessionen. Die anderen Heiligtümer sind jeweils im Besitz einer Konfession, die daran ein Vorrecht hat; Besucher oder Gläubige anderer Konfessionen sind nur zur privaten Andacht zugelassen.
Aber steht die Grabeskirche tatsächlich auf Golgatha? Diese Frage gehört zu den meist- und längstdiskutierten Problemen der Grabeskirche überhaupt, die bis ins Mittelalter zurückverfolgt werden kann. Derzeitiger Stand der Diskussion: Die Gegend um die Grabeskirche wurde zur Zeit Jesu vor allem als Garten genutzt; auch Steinbrüche waren vorhanden. Dies spricht dafür, dass dieser Ort vor der Stadtmauer lag, ebenso wie verschiedene Gräber, die im Areal der Grabeskirche entdeckt wurden. Die Mehrheit der Forscher ist daher der Ansicht, dass es möglich – wenn auch nicht zwingend – ist, dass wir in dem Felsen der Golgathakapelle den Sterbeort Jesu vor uns haben.

Und das Grab Jesu? Das bestehende Grab ist zum größten Teil ein moderner Bau des 19. Jahrhunderts, der jedoch auf felsigem Untergrund ruht. Das Grabmal besteht aus einer Grabkammer, die auf der rechten Seite Platz für genau einen Leichnam bietet. Davor befindet sich ein kleiner Vorraum, die Engelskapelle. Diese Grabkammer, die ursprünglich ganz in den Felsen eingehauen war, wurde unter Konstantin aus dem Felsen herausgelöst und architektonisch gefasst, so dass es sich nun um ein freistehendes, allerdings umbautes Felsengrab handelt. Es ist nach heutiger Forschung durchaus möglich, dass die Lokalisierung von Golgatha und Heiligem Grab in der Grabeskirche mit der historischen Überlieferung übereinstimmt. Es gibt starke Indizien, mehr nicht – aber auch nicht weniger.

Frau Dr. Heldt bezeichnet die Grabeskirche als „in Stein gehauene Exegese der Passionsgeschichte". Sie ist nie fertig und es wird immer weitergebaut. Folgende Stationen haben wir bei unserer Besichtigung der Grabeskirche genauer besehen:

Kalvarienberg und Golgatha
In konstantinischer Zeit stand der Felsen frei. Heute ist er vollkommen umbaut. An diesem Felsen werden zwei Orte verehrt: die Kreuzigungsstätte und eine Nische, in der man Adams Grab lokalisierte. Steigt man die Treppe zu dem etwa fünf Meter hohen Golgatha-Felsen hinauf, betritt man zunächst die katholische Kreuzannagelungs-Kapelle. Von ihr aus gelangt man unmittelbar in die griechisch-orthodoxe Kreuzigungskapelle, unter deren Altar die Stelle im Fels liegen soll, an der das Kreuz stand. Die Gläubigen berühren hier die Öffnung, durch die man das Felsloch fühlen kann. Durch eine Glasscheibe ist auch der Riss im Fels sichtbar, der beim Tod Jesu entstanden sein soll. Eine enge Treppe führt zur Adamskapelle, die direkt unter der Kreuzigungskapelle liegt. Nach alten Legenden und verschiedenen Schriften überliefern: Adam wünschte, dass seine Leiche nach der Sintflut auf Golgatha bestattet werden soll. König Melchisedek erfüllte diesen Wunsch, doch als er ihn beisetzen wollte, öffnete sich der Felsen in Kreuzform und nahm den Leichnam auf. Schließlich opferte Melchisedek am Golgathafelsen Brot und Wein. Als Christus am Kreuz starb, strömte sein Blut durch den Felsspalt herab auf den Kopf Adams, der damit ge-

salbt und die Erbsünde abgewaschen wurde. Christus als zweiter Adam. Golgatha wurde somit zur heilsgeschichtlichen Mitte der Welt. Auch bei uns finden sich häufig Kruzifixe, die den Schädel Adams in ihrem Fußpunkt zeigen. Der Gedanke, Nabel der Welt zu sein, kam schließlich auch in den Weltkarten und Stadtplänen des Mittelalters zum Ausdruck.

Der Salbstein
Geht man in die Grabeskirche hinein, stößt man unmittelbar auf den Salbstein. Es soll der Ort sein, an dem der Leichnam Jesu gesalbt wurde. Er hat dort seinen Platz wohl seit dem 14. Jahrhundert. Da die Franziskaner in dieser Zeit keinen Anteil am Kalvarienberg besaßen, suchten sie einen Ort, der für die Passion von zentraler Bedeutung sein konnte. So wurde der Salbstein eine Art Ersatz für fehlende Besitzanteile, der allerdings inzwischen für die Verehrung der Gläubigen eine enorme Rolle spielt. Gerne bringen die Pilger, die die Grabeskirche besuchen, Gegenstände mit, um den Salbstein damit zu berühren, so dass die heilige Kraft, die in diesem wohnt, sich auf den Gegenstand überträgt. Der mit göttlicher Kraft „aufgetankte" Gegenstand wird dann als „Reliquie" mit nach Hause genommen. Ganz zu schweigen von der Ehrerbietung durch Niederwerfen und Küssen, die der Salbstein durch die Pilger erfährt.

Die Grabkammer
Hier befindet sich das Grab Jesu. Man betritt zunächst die sogenannte Engelskapelle, um dann in die Grabkammer zu gelangen, in der sich nur drei bis sechs Menschen gleichzeitig aufhalten können. Mönche wachen streng über den Zugang zum Grab. In der Grabkammer findet sich eine Marmorplatte, die über der Stelle angebracht ist, auf der der Leichnam gelegen haben soll. In der Engelskapelle entfacht der griechisch-orthodoxe Patriarch in der Osternacht ein Feuer, das die Auferstehung symbolisieren soll.

Helenakapelle
Die Kapelle ist nach der Mutter Konstantins benannt, die 335 von hier aus das originale Kreuz gefunden haben soll. Besonders wichtig für die armenische Kirche ist das hier zu sehende Bodenmosaik, das an den Völker-

mord an den Armeniern erinnert. Zur eigentlichen Kreuzauffindungskapelle geht man eine weitere Treppe hinunter. An den Wänden sind überall „Graffiti" aus Kreuzfahrerzeiten zu erkennen.

Frau Dr. Heldt bezeichnet die Konflikte zwischen den Konfessionen in der Grabeskirche als Mythos. Sie, die ständig mit den führenden Personen der jeweiligen Konfessionen in Kontakt ist, spricht von einer großen Geschwisterschaft und einer beachtlichen ökumenischen Kooperation. Wenn Streit aufkommt, wird angemessen reagiert und aufgearbeitet. Die Versöhnung ist dann jedoch keine Pressemitteilung wert. Die Grabeskirche ist die einzige Kirche, wo West- und Ostkirche unter einem Dach zusammen feiern. Das Miteinander zwischen Islam und Christentum bezeichnet Frau Dr. Heldt allerdings durchaus als spannungsreich. Neben vielen kleinen Nadelstichen von Seiten der Muslime ist das bereits von außen deutlich zu erkennen. Die Apsis der Grabeskirche ist umrahmt von zwei Moscheen, so als würden diese die Kirche erwürgen. Das sei symbolischer Ausdruck für den Machtanspruch des Islams an diesem Ort.

Die Grabeskirche ist ein verwirrendes Konglomerat aus verschiedensten theologischen Richtungen, liturgischen Formen und baugeschichtlichem Werden. Kein einheitlicher Entwurf, sondern ein gewachsenes und erkämpftes Gebilde, das sich dem Besucher nur langsam erschließt. Und doch wohnt diesem Gebäude eine Faszination inne, die es zu Recht zur heiligsten Stätte der Christenheit werden lässt.

Die Grabeskirche

Sonntag, 14. Februar 2010

Auf der Stadtmauer und an der Klagemauer des Tempels

Hans-Willi Büttner
Die Stadtmauer von Jerusalem

Die Stadtmauer von Jerusalem und unsere Begehung vom Jaffator zur Nordwestecke der Altstadt, dann weiter nach Nordosten und schließlich nach Süden bis zum Löwentor … nein, heute habe ich noch mehr Mauer erlebt. Es begann am Tempelberg.

„Tempelberg" – das Wort übt auf mich einen größeren Zauber aus als „Klagemauer". Man kann ihn nur morgens bis 10 Uhr oder am Nachmittag wieder besuchen. So stehen wir schon gegen 8.20 Uhr in der Schlange zur Körperkontrolle. Bevor wir zu den steinernen Zeugen der Vergangenheit dürfen, müssen wir Mauern der Neuzeit überwinden. Wir haben den abgeschirmten Aufgang zum Tor des Bezirks ja schon am Vorabend vom Vorplatz der Klagemauer aus gesehen und uns gefragt, wozu dieses Gebilde dient: eine etwa 100 Meter lange U-förmige schiefe Ebene, konstruiert etwa entsprechend einer überdachten Holzbrücke, wie wir sie aus den Alpen kennen, nur provisorischer mit dem Charme einer Baustellenauffahrt. Nun wissen wir's. Es ist der von der jüdischen Welt streng abgeschirmte Zugang zur muslimischen, die hinter dem Tor nahe der Südwestecke des Tempelbezirks beginnt. Wir gelangen zur El-Aksa-Moschee. Leider darf sie ebenso wenig wie der Felsendom betreten werden, was wir wohl der Provokation von Ariel Sharon vor 8 Jahren zu verdanken haben.

Dennoch ein Rundgang, der mich ein wenig ehrfürchtig macht. Zuerst bewege ich mich zur Südostecke des Bezirks, wo eine mächtige Freitreppe nach unten zu zwei vergitterten Mauerbogen führt. Ich weiß nicht, was dahinter ist, lese aber irgendwann etwas von „Ställen Salomos". Soweit ich über die Mauer oder durch die Schießscharten blicken kann, sehe ich auf den großen Friedhof am Ölberg, dem Osthang des Kidrontales. Ich bewege mich nun nach Norden Richtung Goldenes Tor. Inzwischen sind wir zu viert. Einmal ersteigen wir eine ungesicherte und ungesperrte Treppe zum Wehrgang. Von dort öffnet sich uns ein herrlicher Blick übers Kidrontal und das Meer der Gräber derer, die dort der Auferstehung harren. Doch wir sind nicht überrascht, als uns sogleich ein ferner Aufseher wieder herunter schreit. Dann stehen wir vor dem zugemauerten Goldenen Tor, damit der Messias nicht entsprechend der Verheißung durch dieses Tor die Stadt betreten kann, wenn er kommt! Dem wollten die Jünger des Propheten in alter Zeit nun doch einen steinernen Riegel vorschieben: hier bleibt die Mauer dicht! Weiter spazieren wir zur Nordmauer des Tempelbezirks. Zu unserer Überraschung ist in den Räumen unter den Mauerbögen eine ganze Schule untergebracht und wir erhaschen durch offene Türen Blicke auf lebendiges Schulklassengeschehen.

Allein gehe ich weiter zu der Ecke, wo einst die Burg Antonia stand. Dort sind die Bauten weit höher, und zum Teil türmen sie sich auf gewachsenem Fels.

Der Felsendom

Schließlich ersteige ich den erhabenen Platz des Felsendoms, einem Bau aus dem 7. Jahrhundert. Von dem Felsen, den er umschließt, soll einst der Prophet Mohammed zum Himmel aufgefahren sein und dabei seine Fußabdrücke hinterlassen haben. – Dieser Fels hatte gewiss auch im alten Tempel Israels eine besondere Funktion, selbst wenn er in der Bibel nicht erwähnt ist. War über ihm das Allerheiligste? Ich erfahre, dass es in diversen jüdischen Kreisen die Vision vom Aufbau eines dritten Tempels gibt, für den der Felsendom weichen müsste. Mich beschäftigen Mauern

in Köpfen …
Am frühen Nachmittag ersteigen wir also, geführt von Hans-Martin Gloël, am Jaffator den Wehrgang der Stadtmauer. Ausgebaut und verstärkt wurde sie zum letzten Mal von einem Sultan im 16. Jahrhundert. Es kam damals die Befürchtung auf, man könnte im Abendland wieder zu einem Kreuzzug aufbrechen, was wohl keine so abwegige Vermutung war: die Türken waren vor Wien zurückgeschlagen worden – wer weiß, ob es nicht zum Kreuzzug gekommen wäre, wenn sich nicht durch die Reformation der Streit um die „wahre Religion" ins Innere des Reiches verlagert hätte.

Der Weg auf der Mauerzinne ist ein Kräfte zehrendes „Trepp hinauf und Trepp hinunter mit dem Foto in der Hand". Die Stufenhöhe von 30 Zentimetern zehrt kräftig an den Waden. Doch das Interessante sind natürlich die Ausblicke. Zuerst nach Süden zur Dormitiokirche, dann nach Westen hinüber zum Holländischen Viertel mit seiner Windmühle, hinüber zum renommierten König-David-Hotel und dem YMCA-Turm. Wir passieren das in der Altstadt liegende stattliche lateinische, sprich: römisch-katholische, Patriarchat und gelangen zur Nordwestecke der Altstadt. Gegenüber das Halbrund des Alten Rathauses und gleich daneben das neue und wieder daneben das Französische Hospiz mit seiner eigenwilligen Marienstatue auf dem Dach: Die Jungfrau hält das Jesuskind an ausgestreckten Armen in die Höhe. In der Straße links neben dem alten Rathaus und dann entlang der nördlichen Stadtmauer sind schon die Gleise der ersten Straßenbahn Jerusalems verlegt, die in absehbarer Zeit in Betrieb gehen soll. Innerhalb der Mauern erblicken wir immer wieder Wohnhäuser mit „steinalten" Kuppelgewölben, dann wieder ein Gewirr von Flachbauten, die mit Antennen, Parabolantennen und Wasserbehältern übersät sind; die Veranden zum Teil schmuck, dann wieder halbe Müllkippen oder Waschplätze.

Bevor wir zum Damaskustor gelangen, müssen wir dem Gelände folgend absteigen, dann wieder lange und mühsam hinauf. Einst wurde es auch Säulentor genannt. Hans-Martin zeigt uns auf einer Postkarte den Stadtplan Jerusalems, wie er auf dem 1450 Jahre alten Mosaikboden der St.-Georgs-Kirche im jordanischen Madaba zu finden ist – wenige Tage später sehen wir das Original. Darauf ist deutlich eine freistehende Säule zu erkennen, die wohl das Standbild des jeweils amtierenden römischen Kaisers getragen hat. Im Arabischen wird das Tor bis heute „Bab al Amud" genannt: Säulentor. Fast 1000 Jahre lang wusste wohl niemand mehr, warum – bis man in Madaba das Mosaik mit dem Stadtplan ausgegraben hat. Eine weitere Besonderheit: auf alten Zeichnungen hat das Tor einen großen Mittelbogen und beidseits kleine Seitenbögen. Heute ist da nur noch der mittlere, es sei denn, man blickt in ein Ausgrabungsloch daneben und entdeckt in vier Meter Tiefe einen der alten, wieder freigelegten und begehbar gemachten Seitenbögen.

Vor der Stadtmauer der arabische Busbahnhof, überragt von einer 20 Meter hohen Felswand mit mächtiger Höhle, der Jeremiasgrotte. Und obenauf ein Friedhof. Dann kommt das Rockefellermuseum in den Blick, der Vorläufer des Jüdischen Museums.

Wir gelangen zur Nordostecke der Stadtmauer. Fast auf gleicher Höhe mit dem alten Wehrgang liegt in der Ecke der Sportplatz einer Schule. Vor der Kulisse der entfernten goldenen Kuppel des Felsendoms spielen Kinder mit Begeisterung Fußball. Dann öffnet sich der Blick hinab ins Kidrontal über die ausgedehnten Friedhöfe und hinüber zum Ölberg mit dem Garten Getsemane. Das Auguste-Viktoria-Stift ist oben gut zu sehen und links daneben etwas unterhalb die repräsentativen Bauten des Zentrums der Mormonen in der Stadt. Wir passieren die Ausgrabungen am alten Teich Bethesda, die St.-Anna-Kirche und erreichen am Löwentor, das eigentlich Pantherfiguren zeigt, leicht erschöpft wieder das Straßenniveau. Von da an ist der Weiterweg auf der Mauer nicht möglich, denn es beginnt der Bezirk des Tempelberges. Na, da war ich ja heute Morgen schon kurz auf der Mauer, bevor man mich heruntergepfiffen hat. Nach einem Stück auf der Via Dolorosa „enden" wir schließlich ausgebrannt und hungrig im gemütlichen Österreichischen Hospiz. Vom Dach des Hauses haben wir später einen wunderbaren Blick über die Dächer der Altstadt in der Abendsonne – es wirkt, als ob die berühmten historischen Stätten alle zum Greifen nahe seien.

Auf der Via Dolorosa

oben: Rabbiner Marcel Marcus - unten: Ultraorthodoxe Juden an der Klagemauer

Hans-Detlev Roth
Heimat ist: Einfach dazu zu gehören

Am Sonntag, den 14. Februar 2010, hatten wir abends im „Lutheran Hostel" ein Gespräch mit dem deutschstämmigen Rabbiner Marcel Marcus, der seit den neunziger Jahren den traditionsreichen Buchladen „Ludwig Meyer" in Jerusalem führt, nachdem er von 1979 bis 1996 Rabbiner der Israelitischen Kultusgemeinde in Bern gewesen war.
Der Rabbi wurde als Sohn von deutschen Holocaust-Überlebenden in England geboren und wuchs dort und in Berlin auf. Nach drei Jahren als „Raw" in der englischen Provinz wurde er anschließend Rabbi in der Großstadt Bern.

An dieser Stelle des Gespräches führte Rabbi Marcus die Bedeutung des „Raw", des Meisters in der jüdischen Religion aus:
Der „Raw" ist kein theologischer Gelehrter, auch kein religiöser „Stand", ein „Raw" wird dadurch zum Meister, dass er den „Willen Gottes" in einer konkreten, bestimmten Situation zu deuten vermag. Durch das Studium der jüdischen Rechtsüberlieferung hat er sich dafür qualifiziert.

Von Bern aus engagierte er sich in diversen „ökumenischen" Aktivitäten, hatte einen Lehrauftrag sowohl an der Universität Bern als auch an der „Hochschule für jüdische Studien" in Heidelberg.
Während seiner Jahre wurde die Frage „Wo ist meine Heimat" immer virulenter und nach einem „Mini – Sabbatical" 1991 in Israel war die Frage für ihn und seine Familie entschieden: Meine Heimat ist Israel.
Er übernahm dann ab 1997 in Jerusalem die deutschsprachige Buchhandlung „Ludwig Meyer", die er bis dato führt.

In Blick auf die derzeitige Situation in Israel fehlt ihm der „interreligiöse Dialog", der nicht wirklich vornehmlich zwischen Judentum, Christentum und Islam geführt werden kann, da das „Religiöse" durch das „Nationale" instrumentalisiert worden ist.

Das führte zu der Frage, wie es denn überhaupt zwischen Juden und Palästinensern weitergehen solle, da der gegenwärtige Zustand des scheinbaren „Status quo" nicht auf Dauer fortgeschrieben werden könne.
Wie geht es also weiter:

Zwei Staaten für zwei Völker?
De facto leben bereits zwei Völker in einem Staat, nämlich innerhalb der „Einheit" des Staates Israel.
Das Misstrauen ist aber auf beiden Seiten sehr groß, so dass ein Israeli nicht auf die Idee kommen würde, in einem Taxi in den arabischen Teil von Jerusalem zu fahren.

Auf der anderen Seite nehmen die Jerusalemer Araber nicht an den Stadtratswahlen teil, um nicht in den Geruch der „Zusammenarbeit" zu geraten, was ihnen aber im Blick auf ihre Kommune viele Nachteile einbringt.

Letztlich lebt man nebeneinander her. Es kommt hinzu, dass die vermittelnde Größe, nämlich die arabischen Christen, welche die eigentliche palästinensische Elite darstellen, auswandern, so dass die gesamte christliche Präsenz in Israel im Schwinden begriffen ist und die Position der noch in Israel lebenden Christen erheblich schwächt.

„Trennungen"
Das Thema führt jedoch auch in das Verhältnis der Juden untereinander ein: So hat Rabbi Marcus zwar in Israel seine Heimat „als Jude unter Juden" gefunden; die Juden sind aber untereinander vielfach „getrennt" und leben in „Parallelwelten", die kaum Kontakt untereinander haben.

So weist der Rabbi auf die starke Zunahme der „Ultraorthodoxen" in Jerusalem hin, kann aber nichts Wesentliches über diese expandierende Gruppe sagen, da er faktisch keinen Kontakt zu ihnen hat und umgekehrt.
Von „außen" her nimmt er die „Ultraorthodoxen" als gesellschaftliche Problemgruppe wahr, die nichts zu ihrem Lebensunterhalt beiträgt und ihre Kinder nicht dem Militärdienst zur Verfügung stellt.
Diese Gruppierung kann sich in ihren Privilegien nur halten durch die Dauerpräsenz ultraorthodoxer Parteien in den jeweiligen Koalitionen diverser israelischer Regierungen.

Andererseits lässt sich beobachten, wie die „ultraorthodoxe Festung" an manchen Stellen zu bröckeln beginnt; auch und gerade bei ihren Frauen, die sich allerdings nur sehr zögernd zu „emanzipieren" beginnen, oft verbunden mit dem Verlust ihrer gesamten Ultra-Familie. Der Weg ist lang ...

Was bleibt, ist die Friedenssehnsucht der Jugend, was sich in vielen Projekten und Initiativen niederschlägt; entscheidend wären aber mehr gemeinsame Projekte zwischen (jüdischen) Israelis, Moslems und Christen, was „in" Israel bis heute nicht möglich ist!

Dass die Christen auf nationaler Ebene einer immer geringere Rolle spielen, bedeutet eine politische und kulturelle Verarmung der gesellschaftlichen Landschaft Israels.
Internationale christliche Institutionen und Organisationen, können den Verlust an einheimischen Christen nicht ersetzen.
In diesem Zusammenhang wird auch die Frage nach der Rolle der außerisraelischen jüdischen Organisationen gestellt. Von ihnen sagt Rabbi Marcus: Sie stören oft die innerisraelischen Bemühungen um Frieden, sie stiften Unruhe, aber sie müssen als eine Stimme im demokratischen Meinungsbildungsprozess nun einmal akzeptiert werden.
Angesprochen darauf, welche denn für ihn diejenige biblische Tradition sei, die nach seiner Meinung in der derzeitgten Situation besonders hilfreich und zielführend sein könnte, sagt Rabbi Marcus:
„Gerechtigkeit" für alle, die im Lande wohnen; und in diesem Sinn „miteinander vor Gott zu leben".

Die Schoa
Dann geht das Gespräch weiter zu Frage, welche Rolle die „Schoa" eigentlich in Israel spielt. Sie spielt kaum eine Rolle, bemerkt er, ganz im Unterschied zur Beobachtung von Avraham Burg in seinem Buch: „Hitler besiegen – Warum Israel sich endlich vom Holocaust lösen muss."
Burg attestiert den Israelis darin eine letztlich rassistische Bunkermentalität, die das Ereignis des längst vergangenen Holocaust „benutzt", um sich nicht in die Zukunft demokratischer Pluralität bewegen zu müssen.
Jedenfalls, so Rabbi Marcus, spiele die „Schoa" in Deutschland eine größere Rolle als in seinem Land.

Rabbiner Marcel Marcus

So werden kritische Stimmen aus Deutschland, dem beliebtesten Ferienziel der Israelis, allergisch aufgenommen; vielleicht deshalb, weil viele Israelis nach Deutschland auswandern(!).

Auf der anderen Seite bestätigt Mr. Marcus, dass in Jerusalem eine friedliche, um nicht zu sagen: heitere Stimmung wahrzunehmen ist; man versucht eben das Beste aus der an sich verfahrenen Situation zu machen; und es verwundert deshalb auch nicht, dass die Lebensqualität in Israel mit höchster Zufriedenheitsrate im internationalen Vergleich von seinen Einwohnern belohnt wird!

Dabei ist, nach Meinung von Rabbi Marcus, an vielen Themen durchaus noch zu arbeiten:
Das Verhältnis von „zivilem" Recht im Verhältnis zum „Oberrabbinat".
Die Stellung der Frau in der Gesellschaft.
Der Militärdienst und die Zukunft Israels u.v.a.m.

Was ist für Sie Heimat, Rabbi Marcus ?
Heimat ist: „Einfach dazu zu gehören"

Das können wir alle nachvollziehen und danken ihm herzlich für dieses Gespräch.

Samstag, 13. Februar 2010

Im Bazar

Erika Huschke
In den Gassen von Jerusalem

Die ersten Bewegungen im Gewirr der engen Gassen unternehme ich im Schutz der Gruppe. Und zunächst erscheint es mir völlig unverstellbar, dass ich mich hier je selbstständig orientieren könnte. Aber wie das so ist: Die Herausforderungen kommen einfach, auch wenn man sie nicht sucht.

Bereits am Sonntag, dem ersten Tag nach unserer Ankunft sehe ich mich genötigt, alleine den Weg vom Tempelberg zu unserem Gästehaus zu suchen. Es hat sich aus der Gruppe niemand gefunden, der mich begleiten wollte. Ein Blick auf meine Karte zeigt mir, es ist ja gar nicht weit. Die Straßen und Gassen haben alle Namen. Und diese Namen stehen auch in meinem Plan. Das ist zu schaffen. Also los.

Schon nach wenigen Metern stelle ich fest, dass eben doch nicht in jeder Gasse das Schild mit dem Straßennamen zu finden ist. Aber ich kann ja zählen. Ich gehe also die Erste rechts, die Dritte links… – aber da komme ich jetzt in eine Richtung, die nicht stimmen kann – oder doch?

Irgendwie ist die real existierende Altstadt von Jerusalem anders, als die auf dem Stadtplan. Unübersichtlicher, größer, verwinkelter… Aber halt! diesen Laden kenne ich. Den habe ich gestern Abend schon gesehen. Er ist in der Nähe unseres Hotels. Ich bin auf der richtigen Spur – sicher? – nein wohl doch nicht. Der Laden hat nur ein ähnliches Sortiment wie der von gestern Abend. Ich stehe und studiere angestrengt meinen Plan.

„Can I help you?" Ein Händler hat meine Notlage erkannt. Ja, natürlich, die St. Mark's Road und das Lutheran Guest House kennt er. Mit wenigen Worten, vielen Gesten und dem abschließenden Hinweis, ich möge doch beim nächsten Mal in seinen Laden reinschauen, er habe ganz wunderbare Souvenirs, zeigt er mir den Weg.

Ich beschließe, dass ich damit meine Feuerprobe bestanden habe und mache mich fortan ohne Zögern auch alleine oder zusammen mit meinem jugendlichen Sohn auf den Weg, wenn wir keine Termine haben und von der Gruppe unabhängig sind.

Als nächstes steht die Suche nach Ali Baba, dem Geldwechsler an. Er wurde uns als zuverlässig und ehrlich empfohlen und hat seinen Laden im Christlichen Viertel. Kein Problem also von unserem Gästehaus aus. Es soll ein entspannter Bummel werden. Auf dem Weg zum Geldwechsler sehe ich mir mit meinem Sohn zusammen die Schätze an, die in der Altstadt so geboten werden. Bestimmt findet sich etwas, das sich zu kaufen lohnt. Wir wollen den zu Hause gebliebenen Familienmitgliedern doch etwas mitbringen.

So entspannt, wie wir beginnen, bleiben wir dann doch nicht. Offensichtlich sieht man uns das Interesse an, mit dem wir durch die Gassen streifen. Folglich kommen wir an keiner Tür und an keiner Auslage vorbei, ohne zum Sehen, Staunen und Kaufen aufgefordert zu werden. Alle Händler des Viertels scheinen es darauf abgesehen zu haben, uns etwas anzudrehen. Sie stellen sich uns in den Weg. Wir sehen uns genötigt, zu erklären, warum wir jetzt in diesen speziellen Laden gar nicht reingehen wollen. Das nervt. Wir ändern unsere Taktik. Wir blicken nun stur gerade aus. Die angebotenen Waren versuchen wir allenfalls aus den Augenwinkeln heraus wahrzunehmen. Und bloß keinen Blickkontakt mit einem Händler herstellen! Das funktioniert einigermaßen. Wir kommen wieder vorwärts. Allerdings ist mir ein Rätsel, wie wir auf so ein schönes Mitbringsel für unsere Lieben finden sollen.

Ali Baba ist auf diese Weise schnell gefunden. Erfreut über unsere unkomplizierte und schnelle Transaktion verlassen wir seine winzige Wechselstube, die auf mich wirkt, wie ein Fahrkartenhäuschen der Nürnberger Straßenbahn in den sechziger Jahren des vorigen Jahrhunderts. Einen Moment bleiben wir stehen, um über unser weiteres Vorgehen zu beratschlagen. – Einen Moment zu lange und ein bisschen zu versonnen. Ehe wir wissen, wie uns geschieht, fragt Ali Babas Sohn (als solcher hat er sich jedenfalls vorgestellt), ob wir uns nicht noch Souvenirs ansehen möchten und ich höre mich sagen: „Oh yes, we are looking for a present for my daughter."

An was ich denn so gedacht hätte? Nun vielleicht an einen hübschen Schal? Wir laufen hinter dem Sohn her, während dieser uns erklärt, dass er

selber gerade ganz neu einen wunderbaren Gifts Shop aufgemacht hat, und sein Onkel (oder war's der Cousin?) hat weiter vorne ein ganz wunderbares Lokal, und schließlich stehen wir in einem ganz wunderbaren Laden. Hier gibt's aber gar keine Schals. Hier gibt es Schmuck. Ganz wunderbaren Schmuck!
Na ja, schauen können wir ja mal. Das meint auch mein Sohn. Also schauen wir. Das hier ist kein Billigladen, soviel ist klar. Feiner Gold- und Silberschmuck liegt in den Glasvitrinen, „hand-made-jewelry" steht auf einem Schild. Ich schiele zu den Ketten aus bunten Steinen. Die sind auch ganz hübsch. Und billiger. Für wen ich denn was suche? Für die Tochter? „O madam, für ein junges Mädchen ist diese Kette zu schwer. Look here, this wonderful piece." Er hält einen Silberanhänger in der Hand. Wechselnd zwischen englisch und deutsch läuft die Unterhaltung. Meinem Sohn gefällt der Anhänger. Der wäre schon was für seine Schwester. Ich lasse ihn mir selber um den Hals legen. An mir sieht das Teil auch nicht schlecht aus.

Schön und gut. Aber für ein Urlaubsmitbringsel ist es definitiv zu teuer. Entschlossen lege ich es zurück. „Die Tochter hat doch bestimmt mal wieder Geburtstag?!" Das ist ein Argument. Der Händler erkennt mein Zögern. Ich bräuchte zu dem Anhänger ja noch eine Kette. Die würde er mir schenken. Also gut. Christiane wird sich freuen. Der Anhänger wird gekauft.

Dies ist offenbar das Signal für unseren Juwelier. Wer glaubt, bis hierher einen geschickten orientalischen Händler beobachtet zu haben, irrt. Nun läuft er erst richtig zur Höchstform auf. „What a generous mother" bricht es aus ihm heraus. „Self-forgetful, kauft für ihr Kind so einen wunderschönen Schmuck. Und denkt gar nicht daran, sich auch selbst etwas zu gönnen." Mein Sohn wird zur Seite genommen und belehrt. „So sind Mütter." Ob er weiß, wie großartig Mütter sind? Er weiß es.

Plötzlich liegt ein silbernes Jerusalemkreuz auf dem Ladentisch. Handmade! Etwas ganz Besonderes! Bursche, ich durchschaue dich, denke ich mir. Jetzt ist wirklich gut, wir wollen gehen. Ich drehe mich um, da legt mir von hinten eine Hand den Schmuck um den Hals. „It's great, madam! Schauen Sie in den Spiegel. Wie für Sie gemacht." Den Blick in den Spiegel kann ich dann doch nicht lassen. Und bin verblüfft. Dieses Schmuckstück steht mir. Er hat Recht. Es sieht richtig gut aus. Und dieser Mensch kann Gedanken lesen. Er weiß, dass er nun gewonnen hat. Wir bekommen dieses Jerusalem-Kreuz zu einem very special price; denn wir sind für heute die letzten Kunden. Der Laden wird gleich geschlossen. Die letzten Kunden sind immer etwas Besonderes. Die muss ein Händler bevorzugen. Das bringt ihm Glück. Deswegen bekommen wir auch zu dem Kreuz die Kette geschenkt und mein Sohn erhält einen kleinen Anstecker für den Hemdkragen. Weil auch er so selbstlos ist und überhaupt nicht darüber gejammert hat, dass nur Schwester und Mutter etwas bekommen haben...

Der übernächste Tag ist schon unser letzter in Jerusalem. Die Gassen der Altstadt sind nun schon recht vertraut. Mutter und Sohn bummeln ein letztes Mal ohne besonderes Ziel umher. Vielleicht werden wir uns vor ein nettes Lokal in die Sonne setzen und eine Kleinigkeit essen. Jedenfalls wollen wir noch einmal alle Eindrücke hier aufnehmen, damit wir nicht so schnell vergessen und daheim etwas zu erzählen haben. Ich habe mein neu erworbenes Schmuckstück angelegt und bin guter Dinge.

„Schau, diese Straße kennen wir. Das ist doch die mit dem Geldwechsler." Richtig, so riesig ist die Altstadt ja nicht. Man landet früher oder später immer wieder an denselben Ecken. Schön, wie vertraut uns das nun alles schon ist. Auch daran, dass man ständig angesprochen und zum Kauf von was auch immer eingeladen wird, haben wir uns gewöhnt. Das stört uns nicht. Heute sind wir entspannt. Ein Mann starrt mich an. „What a wonderful cross." Er meint meinen Schmuck. Erstaunlich dass ihm der auffällt. „Jerusalem-Cross" höre ich ein paar Schritte weiter. Meint der mich? Offensichtlich. „Where did you buy it?" „Here?" „O, very good!" Mein Sohn und ich tauschen einen Blick. Ist dieses Schmuckstück so auffällig? Merkwürdig. Ich werde noch mehrmals darauf angesprochen auf unserem Weg durch diese Gasse. „Mama, da haben wir wirklich etwas Besonderes gekauft, " ist mein Sohn überzeugt und ich stimme ihm zu.

Da steht „unser" Juwelier vor uns. Wie nett, hier jemanden zu treffen, den wir kennen. Auch er ist ganz begeistert, zu sehen, dass ich seinen Schmuck trage. Er lädt uns auf eine Tasse Tee ein. Wir nehmen gerne an und betreten seinen Laden. Mit einem Ruf über die Straße ordert unser Gastgeber den Tee. (Wahrscheinlich bei einem Neffen?) Es entwickelt sich eine muntere Unterhaltung. Wir erzählen von unseren Reiseeindrücken, erfahren umgekehrt, dass unser Händler mit einer Engländerin verheiratet ist und sein Bruder einen Laden in München hat – daher also die Sprachkenntnisse. Er selbst stammt aus Bethlehem. Oft aber bleibt er über Nacht auf einem Notlager hier in seinem Laden. Man kann es sich als Geschäftsmann nicht leisten, täglich zu riskieren, aus dem besetzten Bethlehem nicht herauszukommen und damit seinen Laden im Stich zu lassen. Er hat drei Kinder wie ich, ungefähr im selben Alter wie meine. Wir verstehen uns.

Ja, und was soll ich sagen? Als wir den Laden wieder verlassen, trage ich zwei Ohrringe in der Tasche. Passend zu meinem Kreuz-Anhänger. Ganz wunderschön, wie für mich gemacht. Und ich habe sie zu einem very special price bekommen; denn ich bin ja schon eine alte Freundin. Und heute hat unser Geschäftsmann noch nichts verkauft. Ich war seine erste Kundin. Die muss man besonders behandeln. Das bringt Glück.

Montag, 15. Februar 2010

Die Bethlehemer Mauer

Faten Mukarker

Claudia Voigt-Grabenstein
Zu Besuch in Betlehem - DDR-Gefühle werden wach

Der Weg von Jerusalem nach Bethlehem ist nicht weit. Vielleicht 15 Minuten Fahrtstrecke. Und doch liegen Welten dazwischen. Eine hohe Mauer umgibt Bethlehem. Uns erwartet ein streng bewachter Grenzübergang. Alte DDR-Gefühle werden wach. Wie durch Käfige werden die Fußgänger über die Grenze geschleust. Autos werden kontrolliert. Israel schützt sich vor den Palästinensern.
An diesem Morgen ist alles wie ausgestorben.
Faten Mukarker, unsere Begleiterin aus Bethlehem, steigt zu: eine Palästinenserin und Christin. Nach 20 Jahren Aufenthalt in Deutschland lebt sie nun wieder hier.
Wir fahren an einer hohen Mauer entlang. Dahinter, so wird uns erklärt, liegt das Denkmal der Grabstätte Rahels. Für Juden und Muslime ein Heiligtum. Die israelische Regierung ließ das Denkmal „ummauern" – als Schutzmaßnahme. Allein den Juden ist das Heiligtum nun zugänglich. Die ehemals vierspurige Straße, die dorthin führte, ist zu einer Sackgasse geworden.

Faten Mukarker fährt mit uns zum Camp, einem Flüchtlingslager. „1948: die Gründung des Staates Israel war für die Israelis ein großes Freudenfest. Für die Palästinenser eine Katastrophe." Sie macht uns aufmerksam auf den großen Schlüssel am Eingang des Camps. Der zeigt symbolisch die Hoffnung der hier lebenden Palästinenser: „Eines Tages werden wir zurückkehren in die Häuser unserer Väter und Großväter". Die Schlüssel dieser Häuser liegen in den Händen der Kinder. Niemals werden sie ihre Heimat vergessen. Rückkehr ist das ausgesprochene Ziel. So kommt es zu der verrückten Situation, dass es auf palästinensischem Boden Flüchtlingslager für Palästinenser gibt.
Direkt gegenüber des Lagers wieder die Mauer. Sie ist zwischen neun und zwölf Metern hoch und stellenweise ausgestattet mit elektrischen Sensoren. Wenn die gesamte Mauer quer durchs Land fertig gestellt ist, hat sie eine Länge von ca. 730 km: 1 km kostet etwa eine Million Dollar, wird uns gesagt.
Faten versteht den Wunsch der Israelis nach Sicherheit. Aber sie versteht nicht, warum Israel die Grenzen nicht achtet, sondern die Mauer auf das Land der Palästinenser baut. Bei einem Nachbarschaftsstreit in einem Rei-

henhaus, versucht sie zu erklären, könne doch auch nicht der eine seinen Zaun einfach auf das Grundstück des anderen stellen.

Die Mauer schränkt das Leben der Palästinenser in Bethlehem (und nicht nur dort) enorm ein. Jede Fahrt „nach draußen" führt über Checkpoints, ist nur erlaubt mit einer Genehmigung. Für Berufstätige, die in Jerusalem eine Arbeitsstelle haben, ein tägliche Herausforderung. Wer ins Ausland möchte, darf den Flughafen in Tel Aviv nicht benützen, sondern muss nach Amman. Der Weg dorthin führt durch die Wüste über Jericho, vorbei an mehreren Checkpoints. Ein z.T. zermürbendes Unterfangen.

Wir fahren nach Beit Jala. Früher war das hier eine christliche Hochburg. (80 % Christen; davon 80 % griech.-orth.; 15 % kath.; 5 % protestant.) Heute leben hier noch 40 % Christen, in ganz Palästina gibt es nur noch 2%. Die Auswanderung der Christen ist ein großes Problem.
Ein kurzer Stopp an der Evangelisch - Lutherischen Schule Talitha Kumi: Vor 155 Jahren wurde sie von Kaiserswerther Schwestern in Jerusalem für christliche Waisenmädchen gegründet. Nach dem Krieg musste die Schule geschlossen werden und wurde in den 60iger Jahren in Beit Jala wieder aufgebaut. Heute (unter Evang.-Luth. Trägerschaft) ist sie offen für alle Kinder. Im Sinne der Versöhnungsarbeit wird sie bewusst interreligiös geführt: Jeden Morgen gibt es eine Andacht für alle. Auch der Religionsunterricht findet gemeinsam statt.

Von hier oben schweift der Blick über das Palästinenser-Land.
1995 wurde das Autonomiegebiet der Palästinenser auf dem Hintergrund des Interimsabkommen in drei Zonen aufgeteilt:
A-Zone: Autonomie-Gebiet der Palästinenser
B-Zone: Palästinenser verantwortlich für das öffentliche Recht; Israel für die Sicherheit der Israelis (auf den Dächern der Häuser in der B-Zone sind z.T. israelische Soldaten stationiert).
C-Zone: Palästinensisches Gebiet, das allein von Israelis kontrolliert wird. Nach der 2. Intifada 2000 wurde den Palästinensern das Betreten der C-Zone verboten.
Faten erzählt, dass die Talitha-Kumi-Schule in der A-Zone liegt; der offiziel-

le Zugang aber führt durch die C-Zone. Durch das oben genannte Verbot konnten die Kinder nicht mehr zur Schule. Daraufhin entschloss sich der Rektor, die Gartenmauer, die in der A-Zone liegt, aufzubrechen, damit die Kinder über diesen Umweg zu ihrer Schule gelangten.

Rechts unterhalb unserer kleinen Straße sieht man im Tal eine vierspurige neu gebaute Umgehungsstraße. Sie wurde durch palästinensisches Land gebaut allein für die israelischen Siedler, die das Land passieren müssen, um zu den Siedlungen zu kommen. Palästinenser dürfen dort nicht fahren. Alles ist bewacht. Eine skurrile Situation.

Faten zeigt uns am gegenüberliegenden Hügel den alten Olivengarten ihrer Eltern. Die „Zonen-Grenze" geht mitten durch. Der Garten darf von der Familie nicht mehr genutzt werden.
Aber der Onkel, erzählt sie, hat noch eine sehr alte („alttestamentliche") Olivenölpresse. Viele bringen ihre Oliven dorthin. Der Ertrag der Presse ist nicht so hoch wie bei den modernen. Dafür ist es ein sehr mildes hochwertiges Öl. Das schätzen die Leute! Qualität vor Quantität!

Wir kommen zum Haus von Faten Mukarker. Mit Apfelsinen und Bananen, mit Tee und süßem Gebäck werden wir in ihrem Wohnzimmer empfangen. Dort erzählt sie uns – bekleidet in der palästinensischen Tracht – ihre Geschichte:
In Bethlehem ist sie in einer griechisch-orthodoxen Familie geboren. Ihre Eltern sind mit ihr nach Deutschland gezogen. Der Vater hat als Schriftsetzer eine Anstellung gefunden. Mit 20 Jahren ist sie gemeinsam mit den Eltern zum Urlaub nach Beit Jala gegangen. Eine Woche nach ihrer Ankunft hat sie hier geheiratet. Seitdem lebt sie in Beit Jala mit Mann und zwei Kindern („Bei uns zählt man nur die Söhne. Mit den Mädchen habe ich insgesamt vier Kinder."). Sie hat wohl die fragenden Gesichter bemerkt angesichts ihrer sehr schnellen Ehe. Welten prallen da aufeinander.
Da meint sie:
„Wissen Sie, die Ehe ist doch wie eine Wassermelone: bevor man sie kauft, klopfen manche oder riechen an ihr. Kaufen tut man sie aber im Ganzen. Erst zuhause wird sichtbar: manche sind hell, d.h. geschmacklos; andere

überreif, d.h. mehlig und trocken. Wieder andere saftig und gut. Zurückbringen kann man keine Melone mehr. Scheidungen gibt es nicht."

Abseits der Tour frage ich sie, wie sie sich nach 20 Jahren in Deutschland so schnell auf das eheliche Leben in Palästina einlassen konnte. Da meint sie: „In Deutschland habe ich in einem Käfig gelebt. Mein Vater hat mir vieles verboten. Ab meinem 12. Lebensjahr durfte ich auch keine Freunde mehr besuchen. Ich war gefangen. Die Heirat in Beit Jala war für mich eine Heirat in die Freiheit."

Faten hat innerhalb ihrer griechisch-orthodoxen Kirche geheiratet: Heute ärgert sie sich über die griechisch-orthodoxe Kirchenleitung. Sehr weit weg sei sie von der Bevölkerung entfernt, sagt sie. Und: sie würden viel Land besitzen und es Stück für Stück an die Israelis verkaufen, was viele Palästinenser verärgert. Das Geld wiederum käme aber nicht den eigenen Leuten zugute. Sie bauten z.b. keine eigenen Schulen. Die Kinder werden, wenn möglich, auf die Privatschule geschickt, auch wenn sie teuer ist. Aber sie ist allemal besser als die staatliche Schule.

Der Wechsel in die Evangelisch-Lutherische Kirche hat für Faten eine große Freiheit gebracht. Und zugleich: als Christ in Palästina sitze man immer zwischen zwei Stühlen: für Israelis sind sie Palästinenser. Für (muslimische) Palästinenser sind es die Christen.

Die christliche Botschaft hier zu leben, ist nicht sehr leicht. Heißt es bei den anderen „Auge um Auge", so lautet doch die christliche Botschaft: Liebt eure Feinde. Wie das in dieser Situation möglich ist? Ein sehr schwieriges Kapitel.

Das Jahr 2000 ist vom Papst als Heiliges Jahr ausgerufen worden. Da war eine große Hoffnung, dass Bethlehem durch die Pilger einen touristischen Aufschwung erlebt. Aber statt Pilgern kamen die Panzer, erzählt Faten. Trauer, Ärger, auch Verbitterung ist aus ihren Worten zu hören. Leben in Bethlehem ist ein Leben voller Spannungen, vieler Demütigungen, Repressionen von Seiten der Israelis. Wer als Tourist hierher kommt, bemerkt diese Spannungen vielleicht gar nicht. Das Land, so Faten, ist „touristenfriedlich", ohne dass letztlich Frieden herrscht. Es ist weder Krieg noch Frieden: ein schwieriger Schwebezustand.

Trotz allen Ärgers, trotz der bedrückenden Situation, für Faten ist klar: Widerstand darf nicht mit Gewalt geschehen. Sie spricht von ihrer Friedensarbeit.

So hält sie Vorträge in ihrer Heimat, auch in Deutschland, führt Touristen, klärt auf, will transparent machen, dass „die Palästinenser" nicht alle Terroristen sind. Das Problem, so Faten, ist nicht zwischen Palästinensern und Israelis, sondern zwischen denen, die den Frieden wollen und denen, die ihn nicht wollen.

Und zu uns sagt sie: Die Deutschen müssen lernen, dass Kritik an der Besatzungspolitik Israels nicht Kritik am jüdischen Glauben ist.

Gemeinsam mit ihr besuchen wir noch ein Flüchtlingslager. Sie hat dies kurzfristig für uns organisiert. Das Wort „Lager" entspricht nicht dem, was uns erwartet: ein eigener Stadtteil mit engen und verwinkelten Gassen, umgeben von einem Maschendrahtzaun. Die Häuser sind bunt zusammen gewürfelt. Viele Menschen leben auf engstem Raum. Die zweite, dritte Generation der ursprünglich Geflohenen ist hier schon aufgewachsen. In einem kurzen Gespräch am Rande hören wir von einem jungen Palästinenser: „Versöhnung mit Israel? Niemals. Wir wollen unser Land wieder zurück haben."
Auch das gehört zu Bethlehem.

Die Unversöhnlichkeit, die verzweifelte Suche nach Frieden, das Leiden der Menschen und zugleich unsere geschichtliche Verantwortung dem jüdischen Volk gegenüber trägt in sich eine unglaubliche Spannung. Der Besuch in Bethlehem hat mich sehr nachdenklich gemacht – und traurig. Den Stern der Verheißung habe ich an dem Tag nicht gefunden.

Montag, 15. Februar 2010

Oben, mitte: Pfarrer Dr. Mitri Rahab

Christine Perschke und Willi Stöhr
„Dar Annadwa Addawliyya" - Die Bethlehem-Akademie
Eine Begegnung mit Pfarrer Dr. Mitri Rahab

Zur Person:
Mitri Rahab ist 1962 in Bethlehem geboren. Er studierte Theologie u.a. in Marburg, promovierte dort und ist seit 1988 Pfarrer an der evangelisch-lutherischen Weihnachtskirche in Bethlehem. 1995 kommt es zur Gründung des Internationalen Begegnungszentrums in Bethlehem. Der Ansatz dieser Arbeit sucht das Verbindende zwischen Menschen unterschiedlicher Religionen, Nationen und Kulturen. Diesen begründet er in fünf Thesen:

1. Es gibt zu viele Friedensprozesse, aber zu wenig Frieden: zu viele Friedensplauderer, aber zu wenig Friedensstifter; daher ist man weit vom Frieden entfernt. Die Menschen hier hätten die Worte satt und möchten endlich Taten sehen. Er plädiert für eine Zwei-Staaten-Lösung. Diese würde jedoch durch die expansive israelische Siedlungspolitik untergraben bzw. erschwert. Israel schaffe damit „destruktive Fakten". Dazu komme die zerstrittene Position der Palästinenser. Ihr Gebiet zerfalle gegenwärtig in „zwei Staaten", einen der Hamas und einen der Fatah. Demgegenüber versuche das Zentrum „konstruktive Fakten" zu schaffen, die auf langfristige Wirkung angelegt sind: durch die erste evangelische Fachhochschule im Bereich Kunst, Medien und Tourismus; ein Gesundheits- und Erholungszentrum und das Kultur- und Konferenzzentrum.

2. Es gibt zu viel Politik, aber zu wenig politische Kultur: zu wenige kümmern sich um das politische Leben. Jede Woche gäbe es zwar Außenminister-Runden, Delegationen und offizielle Besuche, das aber habe keine Konsequenzen für die Menschen im Land. Die These, je mehr Delegationen, desto leichter würde Frieden, sei falsch. Dies seien „Sandkastenspiele" im buchstäblichen Sinn: sie verliefen im Sand, streuten Sand in die Augen der Beteiligten. Ziel des Zentrums sei demgegenüber, sich für die Stadt Bethlehem einzusetzen und seine Bürger und Bürgerinnen zu fördern und ihre Mündigkeit zu fördern. Das sei mehr als die Parteien tun und habe auch ganz praktische Konsequenzen: das Zentrum sei in den letzten 15 Jahren der drittgrößte private Arbeitgeber (über 100 Mitarbeiter und Auszubildende) der Stadt geworden. Ähnliche Zentren sollen im Norden und

in der Westbank entstehen.

3. Es gibt zu viel Religion, aber zu wenig Spiritualität bzw. gelebten Glauben und Geist: Wir brauchen mehr Glauben und weniger Religion: Tanzende zionistische Rabbis, radikal-religiöse Siedler oder verschleierte Frauen helfen da nicht weiter. Ihm falle da der Prophet Amos ein: „Ich hasse eure Gottesdienste und den Geruch eurer Feste". Stattdessen gilt: „Wir werden aus Gnade, aus dem Glauben heraus gerettet". Daraus folge der Ansatz, in der Arbeit des Zentrums bei der Unterstützung einer gemeinsamen Kultur zu beginnen sowie die Entstehung der Zivilgesellschaft zu fördern. Staat und Religion seien zu trennen, stünden aber in Beziehung zueinander.

4. Es gibt zu viel humanitäre Hilfe, aber zu wenig Entwicklung und konkretes Tun. Erstere diene letztlich allein Israel, weil sie den ungerechten Zustand stabilisiere. Demgegenüber muss festgestellt werden: Die Kosten für die Besatzung lägen viel höher als die Fördermittel für Menschen in den besetzten Gebieten. Man solle an den menschlichen Ressourcen anknüpfen: Schule, Ausbildung, Weiterbildung, Volkshochschulen etc. Man brauche so etwas wie eine Zentrale für politische Bildung, in der „Leadershiptraining" eingeübt würde. Es gäbe ein Parlament der christlichen Jugend, alle Kirchen und Christen sollten sich darin engagieren.

5. Es gibt zu viel Pess-Optimismus und zu wenig Hoffnung: Das Land brauche keine Visionen mehr, weil sie in Klageliedern enden und deprimieren. Pessimismus und Optimismus wechselten sich täglich ab – aktuelles Beispiel sei dafür der neue amerikanische Präsident Obama. Was das Land brauche, sei vielmehr Hoffnung sowie den Glauben an eine bessere Zukunft. Frei nach Luther gälte es, in diesem verrückten Land mit seinen verrückten Leuten noch heute sein Olivenbäumchen zu pflanzen, auch wenn die Welt morgen untergehen würde.

Die Diskussion:
Was versteht Mitri Rahab unter Spiritualität? Er setzt erstens auf die Kulturschiene: es wird ein Forum gebildet, das nicht nur Christen zum Dialog einlädt, sondern auch die Grenzen der Kirche hin zur Kultur überschreitet, und

damit Muslime mit einbindet: es geht um einen „innerpalästinensischen" Dialog. Er setzt zweitens auf die christliche Schiene: weg von starrer Religiosität (Gesetzesfrömmigkeit) hin zu einer Frömmigkeit der Freiheit, die z.B. in Musik und gemeinsamer Freude erlebt wird. Er setzt drittens darauf, dass beide Schienen miteinander verbunden werden. Dies kann in neuen Formen kontextueller Bibelarbeit, kontextueller Liturgie und des Gottesdienstes geschehen.

Auf die Frage nach der Zukunft des Nahen Ostens erklärt Mitri Rahab, dass er eine Zwei-Staaten Lösung bevorzuge, aber es sei nicht seine Sache, sich als Theologe auf eine Form festzulegen. Denkbar wäre auch eine Föderation oder Konföderation wie in Kanada: Grundsätzlich müsse aber stets folgendes beachtet werden:
• Gleichheit: es darf nicht länger Menschen erster und zweiter Klasse geben.
• Bewahrung und Pflege der kulturellen Identität muss für Juden und Palästinenser gleichermaßen möglich sein.
• Es bedarf einer regionalen Kooperation: kein Staat existiert ohne Nachbarn – das sei auch im Nahen Osten so. Diese Kooperation solle vom Nil bis zum Euphrat gehen.

Weitere Informationen:
Paul VI. Str. 109, Bethlehem, Palestine,
Tel: 00972/2 277 0047, Fax: 00972/ 2 277 0048
www.annadwa.org (Akademie);
www.darakalima.edu.ps (Fachhochschule);
www.daralkalima.org (Gesundheits- und Erholungszentrum)
daralkalima@online.de oder info@annadwa.org

Montag, 15. Februar 2010

Dr. Victor Bartaseh, links, im Gespräch mit Dekan Dirk Wessel, rechts

Unsere Reisegruppe

# Jochen Ackermann
Bei dem Bürgermeister von Bethlehem
Dr. Victor Bartaseh

Wir hatten uns doppelt vorbereitet: Einmal zu Hause, wo unsere Arbeitsgruppe viel Material gesammelt hat: Infos über die Infrastruktur der Stadt hinter der Mauer, Infos über die Hamas. Aber das war nur die eine Seite: Die Hinfahrt von Jerusalem nach Bethlehem war dann eine ganz andere Art von Vorbereitung und Einstimmung auf das Gespräch: Beklemmend der Besuch an der Mauer; dann die Einladung bei Faten Mukarker, einer palästinensischen Christin aus Beit Jala, und schließlich die Stippvisite bei Mitri Raheb, dem Leiter des „Internationalen Begegnungszentrums" in Bethlehem.

Die Köpfe und die Herzen waren schon voll.
Dann kam der Empfang in der „Bethlehem Municipality Hall":
Pünktlich sollten wir sein, weil der Bürgermeister eben erst aus dem Krankenhaus entlassen worden ist, sich aber trotzdem ein wenig Zeit für unsere Gruppe nehmen wollte.
In der Eingangshalle liegen kistenweise Computer herum (Die Verwaltung von Bethlehem bekommt mit EU-Mitteln eine neue Ausstattung).
Um 14.00 Uhr heißt uns der PR-Direktor willkommen, führt uns in die Stadthalle. Ein großes Portrait von Jassir Arafat hängt über dem Podium… und dann kommt er, Bürgermeister Dr. Victor Bartaseh schüttelt jedem von unserer Gruppe die Hand, freut sich, dass wir da sind. Oben auf dem Podium will er nicht alleine sein und bittet Dekan Dirk Wessel (Delegationsleiter) und Pfarrer Hans-Willi Büttner als Sprecher des Vorbereitungsteams zu sich.

Er spricht Englisch: „Welcome in a small city with a great message of love and peace for the world" – man merkt: Der Bürgermeister in diesem palästinensischen autonomen Gebiet ist Christ, satzungsgemäß mit gewählt und getragen von der Hamas. Wieder hören wir die Probleme, mit denen die Menschen „hinter der Mauer" zu kämpfen haben: Die Stadt ist umgeben von jüdischen Siedlungen, errichtet auf dem Ackerland und auch durch Gärten der Palästinenser. So haben die 460.000 Menschen der Stadt nur 5,7 km² und die Fläche von 3 Flüchtlingslagern zur Verfügung, der traurige Rest von 675 km². „Israel has seized everything."

Der Bürgermeister berichtet von der maroden Wirtschaft (38,5% Arbeitslosigkeit). Die Arbeitsmöglichkeiten in Jerusalem sind fast unerreichbar geworden, weil es kaum mehr Genehmigungen gibt und Grenzkontrollen schikanös sind. Zu viele Touristen wohnen in Jerusalem, besuchen dann Bethlehem „mal schnell" und sind wieder weg. „Von früher 1,6 Millionen Übernachtungen sind nur noch 180.000 geblieben. "We need your help. Please sleep in our hotels and eat in our restaurants" sagt der Bürgermeister. Auch auf dem Gesundheitssektor (keine Krankenhäuser mit Spezialabteilungen, keine Forschung mehr möglich), in Bildung und Religion gibt es große Probleme: „Für alles ist eine Extra-Genehmigung nötig."

Hier einige Zitate aus dem engagierten Statement: „Keine Mauer kann Frieden schaffen, nur Brücken schaffen Sicherheit!" – „Die UN-Resolutionen gegen Israel müssen endlich erfüllt werden." – "Vor der Mauer konnten die Religionen zusammen leben. So ist das nicht mehr möglich." – „So (gemeint war die Roadmap, die den Palästinensern die „Löcher im Käse" des Landes lässt) kann Palästina kein lebensfähiger Staat werden. Israel will das auch nicht… Die jetzige Regierung in Israel will keinen Frieden. Die Siedlungen sind eine Form von Krieg." – „Israel hat Palästina in die Arme von Hamas und Iran getrieben." – „Auch Israel braucht den Frieden. Sie müssen begreifen, dass der Extremismus Gründe hat – überall. Wir erwarten einen Frieden in Würde!"

Abschließend bittet er dringend darum, dass die Kirchen auf die Regierungen ihrer Heimatländer Druck ausüben sollen, die UN-Resolutionen zu erfüllen.

Dann ergibt sich ein angeregtes Gespräch auf dem Podium und mit der Gruppe. Wieder stehen Fragen der Infrastruktur, des Bildungssystems, der Flüchtlinge und der Terror von beiden Seiten (Staatsterror durch Israel, Terror von Hamas) im Mittelpunkt. Der Eindruck eines notleidenden Volkes ohne Rechte inmitten eines reichen Landes verstärkt sich…

Kann ein Sachverhalt – der Frieden im „Heiligen Land" – tatsächlich mit guten Gründen so unterschiedlich erlebt und bewertet werden, wie es beide Seiten tun? Für mich hat der Besuch in Bethlehem mehr Fragen hervorgerufen als Antworten ermöglicht – und er hat mich parteiisch gemacht. Soll ich mich jetzt manipuliert fühlen?

Beim anschließenden Mittagessen im „Andalus" und beim Besuch der „Geburtskirche" gibt es Vieles, das in Gesprächen nachklingt. Jedenfalls hat ein Souvenir dieser Reise, eine Krippendarstellung in einem Beduinenzelt, für mich jetzt eine besondere Bedeutung.

Die Mauer von Betlehem

Montag, 15. Februar 2010

Oben: Im Flüchtlingslager bei Bethlehem
Unten: Die Veränderung der palästinensischen Siedlungsgebiete seit 1946 auf einer Tafel auf dem Platz vor der Geburtskirche in Betlehem

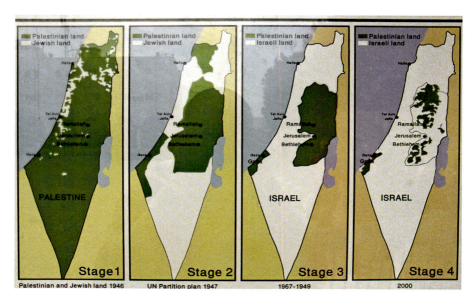

Dr. Mark Leppich
Flüchtlingslager in Jordanien; einige rechtliche Bemerkungen

Abweichend vom ursprünglichen Plan haben wir bei unserer Reise nicht ein Flüchtlingslager in Jordanien, sondern eines im Westjordanland besucht. Die Eindrücke daraus stehen uns vielleicht noch vor Augen. Ich möchte in Ergänzung dazu kurz auf die Situation in Jordanien hinweisen und etwas zur Rechtslage bemerken:

I. Allgemeines

1. **Jordanien nahm seit seiner Gründung vier große Flüchtlingswellen auf:**
a) Im Zuge der Staatsgründung Israels (Arabisch-Israelischer Krieg 1948/49) flohen von insgesamt einer Dreiviertelmillion Flüchtlingen ca. 100.000 Palästinenser nach Jordanien, weitere 300.000 in das von Jordanien annektierte Westjordanland.
b) Im Sechs-Tage-Krieg 1967 verlor Jordanien das Westjordanland an Israel. Ca. 300.000 der insgesamt 500.000 Flüchtlinge kamen nach Jordanien.
c) Während des ersten Golfkrieges 1991 wiesen die Golfstaaten die dort lebenden Palästinenser wegen deren Sympathien für Saddam Hussein aus. Weitere ca. 300.000 Flüchtlinge kamen so nach Jordanien.
d) Im Zuge des zweiten Golfkriegs 2003 flohen mindestens 300.000 Iraker vor den Kriegswirren nach Jordanien.
2. **Heute bestehen in Jordanien zehn Lager für Palästinaflüchtlinge.** Von den registrierten ca. 1,7 Millionen Flüchtlingen in Jordanien lebt etwa ein Fünftel in einem dieser Lager. Der Anteil palästinensisch-stämmiger Menschen an der Gesamtbevölkerung (diese zählt rund 5,4 Millionen) in Jordanien wird auf 40-60 % geschätzt.

II. Rechtlicher Rahmen zur Lage der Flüchtlinge

1. Rückkehrrecht
Die Situation der Flüchtlinge in jedem der Israel benachbarten Länder richtet sich nach dem jeweiligen nationalen Recht. Was aber die Flüchtlinge insgesamt betrifft und was ihren Status gerade als Flüchtlinge – und

nicht als einer der in seinem neuen Land Heimat gefunden zu haben – ausmacht, das ist ihr Anspruch darauf, in ihre Heimat zurückkehren zu können. Im Juni 1948 beschloss Israels Regierung zunächst, die Rückkehr der Flüchtlinge zu verhindern. Die UN-Resolution 194 (III) vom 11. Dezember 1948 verlangte von ihr jedoch, die Rückkehr friedenswilliger Palästinenser zu gestatten und nicht rückkehrbereite Flüchtlinge zu entschädigen. Wörtlich fordert die Resolution in deren Ziff. 11:

"...dass den Flüchtlingen, die in ihre Häuser zurückkehren und in mit ihren Nachbarn in Frieden leben wollen, dies zum frühesten praktikablen (möglichen) Zeitpunkt gestattet werden soll..."

Englischer Originaltext: *"...Resolves that the refugees wishing to return to their homes and live at peace with their neighbours should be permitted to do so at the earliest practicable date, and that compensation should be paid for the property of those choosing not to return and for loss of or damage to property which, under principles of international law or in equity, should be made good by the Governments or authorities responsible;..."*

Israel erklärte sich daraufhin verhandlungsbereit und bot die Aufnahme einer begrenzten Zahl von Flüchtlingen an. Dies lehnten arabische Staaten ab.

Artikel 11 der Resolution 194 wird als Basis des Rückkehrrechtes palästinischer Flüchtlinge gesehen. Israel lehnt das ab und weist darauf hin, dass der Text lediglich feststellt, den Flüchtlingen „sollte erlaubt werden", zum „frühest möglichen Termin" in ihre Heimat zurückzukehren und dass diese Empfehlung sich nur auf jene bezieht, die „im Frieden mit ihren Nachbarn zusammen leben wollen". Schon der erste Ministerpräsident Israels, David Ben-Gurion, bestand darauf, dass solange Israel nicht auf die Willen der arabischen Staaten setzen könne, „in Frieden mit ihren Nachbarn" zu bleiben, die Wiederansiedlung der Flüchtlinge für sein Land keine Verpflichtung sei. Ben-Gurion begründete dies mit der Weigerung der arabischen Staaten, Israel anzuerkennen. Israel stellt auch die Frage nach einem Rückkehrrecht für die aus arabischen Staaten geflüchteten Juden – meist zwischen 750.000 und 850.000 angegeben –, für die ebenfalls die Resolution

194 angewendete werden könnte. Diese Flüchtlinge könnten auch auf das Recht zur Rückkehr zu ihren zurückgelassenen Besitztümern in arabischen Staaten pochen. Im Übrigen verweist Israel auf sein Rückkehrgesetz vom 5. Juli 1950. Dieses ermöglicht grundsätzlich allen Juden (aber eben nur ihnen) weltweit nach Israel einzuwandern.

Nach dem Sechs-Tage-Krieg erklärte sich der Sicherheitsrat der UNO zu dem durch diesen Krieg entstandenen Flüchtlingsproblem in der Resolution 242 vom 22. November 1967 eher unverbindlich und ergebnisoffen, indem er anführte, *"...dass es notwendig ist,...eine gerechte Regelung des Flüchtlingsproblems herbeizuführen."*

Bis heute ist eine Lösung der Rückkehrfrage nicht erreicht. Realistische Perspektiven hierfür sind derzeit – wie schon früher – nicht ersichtlich. Wenn ich an unser Treffen mit dem Bürgermeister von Bethlehem zurückdenke, so hat er sinngemäß gesagt, Frieden wäre möglich, wenn sich Israel einfach an Resolutionen und das Recht halten und seine dort niedergelegten Verpflichtungen einhalten würde. Das gerade glaube ich nicht. Das Recht kann verschieden ausgelegt werden. Der knappe Hinweis auf die Interpretation der Resolution 194 durch Israel und – diametral entgegengesetzt – der Palästinenser zeigt vielmehr: Recht muss nicht zwingend zur Befriedung führen, sondern kann in einen bestehenden Streit noch mehr Härte hineintragen, weil sich jede Seite im Recht fühlen kann bei dem, was sie tut. Mein Eindruck nach der Fahrt ist: Das Flüchtlingsproblem ist kein juristisches, sondern ein politisches.

2. Vertretung im Rahmen der UNO
Die Palästinenser werden nicht durch das Flüchtlingshilfwerk der UNO (UNHCR) betreut, weil die Flüchtlingsproblematik schon vor In-Kraft-Treten der UNO-Flüchtlingskonvention bestand. Zuständig sind für sie die UNRWA (United Nations Relief and Works Agency for Palestine Refugees in the Near East) und die UNCCP (United Nations Conciliation Commission for Palestine). Die UNRWA widmet sich ausschließlich der Versorgung der Flüchtlinge, während die UNCCP ihre Tätigkeit faktisch eingestellt hat; ursprünglich zählte zu ihren Aufgaben die Umsetzung des Artikel 11

der Resolution 194 (III) und die Erfassung des früheren Landbesitzes der Flüchtlinge. Damit haben die Flüchtlinge auf der Ebene der UNO keine hinreichend starke Vertretung.

3. Lage in Jordanien im Besonderen
a) Rechtlicher Rahmen

Anders als die anderen arabischen Staaten hat sich Jordanien um die Integration der Palästinaflüchtlinge bemüht. Die Politik ist grundsätzlich auf eine Integration der verschiedenen Bevölkerungsgruppen ausgerichtet. Bisher hat nur Jordanien den Flüchtlingen auf seinem Gebiet weitgehend die eigene Staatsbürgerschaft angeboten, verbunden mit dem aktiven und passiven Wahlrecht und den vollen bürgerlichen Rechten. Nach dem Krieg von 1948/49 hatte Jordanien das Westjordanland annektiert, in dem sich neben der regulären Bevölkerung Hunderttausende von Flüchtlingen befanden. Sie wurden zu gleichberechtigten Bürgern des Königreiches. Im Laufe der Jahre zogen viele dieser Palästinenser (Flüchtlinge und Nicht-Flüchtlinge) in das Gebiet des heutigen Jordanien, sodass heute etwa 1,7 Millionen Palästinenser im Königreich als Flüchtlinge registriert sind.

Gegenüber Flüchtlingen aus jüngerer Zeit zeigt sich Jordanien allerdings reserviert. Die Grenze der Aufnahmefähigkeit ist aus jordanischer Sicht erreicht, sodass die Aufnahme weiterer Flüchtlinge, die zunächst in anderen arabischen Staaten Unterschlupf gefunden haben – insbesondere vonseiten der beduinenstämmigen Bevölkerung Jordaniens – abgelehnt wird. Nachdem Jordanien 1988 zu Gunsten der palästinensischen Selbstverwaltung auf das von Israel besetzte Westjordanland verzichtete, vergibt es an die dortige palästinensische Bevölkerung nur noch Reisepässe. Die jordanische Staatsbürgerschaft erhalten diese Personen nicht mehr.

Seit der Einführung der palästinensischen Staatsbürgerschaft 1995 duldet Jordanien zudem auch keine doppelte Staatsbürgerschaft. Es begann daher auch, die Reisepässe seiner Staatsbürger einzuziehen, die in die Gebiete der palästinensischen Selbstverwaltung zogen. Bei der Rückkehr wird zur erneuten Erteilung eines jordanischen Reisepasses eine Einzelfallprüfung vorgenommen. Ausländerpolitik ist in Jordanien also vor allem Passpolitik.

b) Tatsächliche Situation

Rund ein Fünftel der palästinensischen Flüchtlinge und ihrer Nachkommen (insgesamt mehr als 300.000 Menschen) lebt heute in einem der zehn Lager. Diese sind eher mit gewöhnlichen Armenvierteln zu vergleichen, wie sie in aller Welt um viele Städte herum entstehen. Auch Arbeiter aus Ägypten und anderen Staaten leben dort. Demgemäß sind die Probleme des Lebens in Lagern keine spezifisch palästinensischen, sondern solche, die sich in vergleichbaren Umständen auch andernorts finden. Viele der Bewohner leben in ärmlichen Verhältnissen, oftmals ohne Zugang zu sauberem Wasser, oft in kleinen, überfüllten Gebäuden. Bei einer durchschnittlichen Haushaltsgröße von 6,5 Personen sind die Wohnbedingungen von Palästinensern in Lagern verglichen mit denjenigen außerhalb tendenziell schlechter.

Die Bildung und Ausbildung der Lagerbewohner wird verbessert. Rund 37 % verfügen über keine, 27 % lediglich über Grundschulbildung. Allerdings besuchen derzeit weit über 90 % der 10-14-Jährigen und noch 70 % der 15-17-Jährigen eine Schule.

Das durchschnittliche Jahreseinkommen beträgt rund 2.500,- USD. Das Einkommensniveau ist damit höher als andernorts: In jordanischen Lagern leben rund 1/3 der Lagerbewohner unter der Armutsgrenze, im Westjordanland sind es 46 %, im Gazastreifen 64 %. Das darf aber nicht darüber hinweg täuschen, dass die Arbeitslosigkeit im Land mit geschätzten 25 % hoch ist und die sehr junge Bevölkerung Jordaniens nur unzureichende Zukunftsperspektiven hat.

Die Palästinenser sind heute in zentralen Führungspositionen von Militär und Verwaltung Jordaniens unterrepräsentiert. Auf deren wirtschaftliche Situation wirkt sich dies aber im Vergleich zur Restbevölkerung nicht aus. Im Wirtschaftsleben sind sie deutlich vertreten.

Montag, 15. Februar 2010

Links: Professor Dr. Mustafa Abu Sway - rechts: Dekan Dirk Wessel

Christian Kopp
Begegnung mit Prof. Dr. Mustafa Abu Sway

Mit Prof. Mustafa Abu Sway, Associate Professor of Philosophy and Islamic Studies an der Al-Quds University Jerusalem, trifft die Reisegruppe im Lutherischen Hospiz einen ausgewiesenen Fachmann für den interreligiösen Dialog. Das Gespräch rückt viele Themen aus Sicht der Palästinenser in ein besonders dialogorientiertes Licht. Prof. Abu Sway sieht als Basis für den Dialog oder Trialog der Religionen vor allem den Ausbau des Wissens übereinander.

Nach seiner Meinung stiftet das Heilige Land selbst eine enge Beziehung zwischen den drei religiösen „communities", dem Islam, dem Judentum und dem Christentum. Mit einer rein historischen Betrachtung und Proklamierung vermeintlicher „Landrechte" komme man im Dialog oder Trialog nicht weiter.

Die Theologie einer „soft otherness", die er für einen friedlichen Dialog der drei „communities" empfiehlt, verfolgt Prof. Abu Sway entschieden. „The development of a theology of soft otherness, it is hoped, would open the door for healthier relations. ... There is so much in common amongst us to the extent it is possible to focus on these commonalities to work towards a peaceful and shared humanity." (Quelle: Prof. Mustafa Abu Sway, Globalization and Religion: Towards a Theology of Soft Otherness, in:
http://science-islam.net/article.php3?id_article=713&lang=en)

Für den Dialog der Religionen ist es entscheidend, auf die Wurzeln zurück zu gehen. So ist für alle drei Religionen die Person Jesus Christus etwas Besonderes. Die islamische Position zu Jesus Christus sei dabei nicht weit entfernt von der Sicht der frühen Christen.

Für das Leben im Heiligen Land ist es seiner Meinung nach eine wichtige Basis, dass das Miteinander der Religionen zu vielen Zeiten schon sehr gut funktioniert hat. Es habe lange Perioden in der Geschichte gegeben, in denen das Verbindende zwischen den „communities" enorm gewesen sei. Aus dieser geschichtlichen Situation wachse auch Hoffnung für die Gegenwart und Zukunft.

Prof. Abu Sway erklärt aber auch, dass in der jüngeren Vergangenheit die Belastungen vor allem für die Palästinenser groß geworden seien. In israelische Schulen werde etwa sechsmal mehr Geld investiert als in palästinensische. Die israelische Stadtregierung bestimme, was legale und was illegale Bauten sind. Die Palästinenser bekommen so für dringend benötigte Schulprojekte keine Baugenehmigungen. Seit 1996 verlieren immer mehr Palästinenser ihre identity cards, die sie für den Aufenthalt in Jerusalem benötigen. Die israelische Regierung verfolge eine Politik der kleinen Schritte. Diese ziele auf immer weniger Rechte für die Palästinenser in Jerusalem und auf immer mehr Rechte für die Israelis. Die gegenwärtige Regierung Israels verfolge die Ein-Staaten-Lösung.

Für Prof. Abu Sway ist die tragfähigste Zukunftsvision in Palästina/Israel die Entwicklung eines säkularen Staates. Wie so ein Staat im Einzelnen aussehen könnte, müsste miteinander intensiv diskutiert und entwickelt werden. Auf die Nachfrage, was er unter dem Begriff „säkularer Staat" (in Abgrenzung zum Beispiel zum nicht-religiösen türkischen Staat) versteht, erklärt Prof. Abu Sway: „Secular means equal support of every religion."

Zu den größten Problemen der Gegenwart gehört, dass die Kinder der Muslime und Christen Israel / Palästina verlassen. Sie sehen hier keine Zukunftschancen mehr. Zu den begleitenden Problemen gehöre auch, dass die Autorität der palästinensischen Regierung durch viele Skandale von innen und Negatives von außen sehr lädiert ist.

Auf die Frage, was Christen tun können für ein besseres Verhältnis der Religionen im Heiligen Land, betont Prof. Abu Sway die Bedeutung des Wissens übereinander: „I would expect Christians not only to study the Old Testament but also Islamic christology."

So bleibt als Fazit dieser Begegnung die Bedeutung des Gesprächs und die Vertiefung der Kenntnisse der jeweils anderen Position. Hoffnung gibt, dass sich Menschen wie Prof. Abu Sway aktiv für diesen Dialog einsetzen.

Dienstag, 16. Februar 2010

Die Chagall Fenster der Hadassah-Klinik

Sabine Specht-Tauber und Gabi Wedel
Die Chagall Fenster der Hadassah-Klinik

Im äußersten südwestlichen Jerusalem befindet sich eine der führenden Kliniken des Nahen Ostens, das Hadassah-Medical-Center der Hebräischen Universität.

Hadassah ist eine 1912 von Henrietta Szold gegründete zionistische Frauenorganisation in den Vereinigten Staaten von Amerika. Sie setzt sich insbesondere für Unterricht und Gesundheitswesen in Israel, für die Stärkung der Position der Frauen und für Jugendaktivitäten ein. Die Organisation baute die Hadassah Klinik ursprünglich auf dem Berg Skopus, der eine israelische Enklave in arabisch-jordanischem Gebiet in Ostjerusalem war. Im April 1948, einen Monat vor der Gründung des Staates Israel, wurde ein Versorgungskonvoi auf dem Weg zum Krankenhaus angegriffen. 77 jüdische Ärzte, Pflegekräfte und Patienten kamen dabei ums Leben. Daraufhin wurde das Krankenhaus nach En Kerem in Westjerusalem verlegt und 1967 wiedereröffnet.

Die Synagoge des Hadassah Krankenhauses wurde 1962 während der goldenen Jubiläumsfeier der Hadassah eingeweiht.
Sie beherbergt zwölf farbenprächtige Fenster von Marc Chagall und seinem Assistenten Charles Marq, die zwischen 1960 und 1962 entstanden sind.

Marq entwickelte ein besonderes Verfahren für die Behandlung der Farbstoffe auf Glas, das Chagall die Möglichkeit gab, drei verschiedene Farben auf einer Glasfläche zu benutzen, ohne jede Farbglasfläche durch Bleistreifen absondern zu müssen.

An drei Fenstern sind noch Einschusslöcher zu erkennen. Sie stammen aus dem Sechstagekrieg. Der Künstler ließ sie nach der Erneuerung der zerstörten Fenster als Erinnerung bestehen.

Der Innenraum der Synagoge ist quadratisch. Jede Seite hat drei Fenster. So hatten auch an den Lagerplätzen die zwölf Stämme ihre Zelte um die Bundeslade aufgestellt, die sie auf ihrer vierzigjährigen Wanderung durch die Wüste mitgeführt hatten. Die Farben wählte Chagall nach den Anweisungen Moses für die Gewänder der Priester, wie sie im Buch Exodus, im Kapitel 28 stehen. Für die Farben sind dort angegeben: Blau, Rot, Grün und Gold oder Gelb.

Das Thema der Fenster sind die zwölf Söhne Jakobs und damit auch die zwölf Stämme Israels. Die Motive beziehen sich auf die Segenssprüche Jakobs für seine zwölf Söhne (Genesis 49) und auf die Segnungen Moses für die zwölf Stämme Israels (Deuteronomium 33).

Ruben (1)

Ruben war der erste Sohn Jakobs und Leas. Er hatte sich Bilha, die Nebenfrau seines Vaters genommen und dadurch das Recht des Erstgeborenen verspielt. Ruben war für seinen Vater ein Bruder Leichtfuß, denn „ er fuhr leichtfertig dahin wie das Wasser". Die blaue Farbe des Fensters ist das Wasser, in dem Fische schwimmen. Über dem blauen Wasser ist der blaue Himmel mit Vögeln zu sehen. Die Vögel sind wohl Adler, deren Krallen die Kraft Rubens symbolisieren. Dass er der Erstgeborene war, hat Chagall durch die aufgehende Sonne oben im Fenster symbolisiert.

Simeon (2)

Über die Brüder Simeon und Levi verhängte Jakob einen Fluch. Denn Sichem, ein Königssohn in Kanaan vergewaltigte Dina, die Tochter Jakobs. Jakob hatte sich schon mit den Kanaanitern geeinigt, doch Simeon und Levi überfielen in wütender Rachsucht Sichems Stadt und erschlugen alle Männer, raubten sie aus und plünderten die Stadt. Sie nahmen alle Tiere und machten die Frauen und Kinder zu Sklaven.

Das Fenster ist in einem sehr kräftigen Blau gehalten. In ihm finden sich Symbole des Zerstreuenden, des Trennenden. Im unteren Teil des Fensters ist eine Erdkugel, auf der die Trennung zwischen Tag und Nacht zu erkennen ist, über ihr zwei auseinanderstrebende Trabanten, die die sich zerstreuenden Stämme Simeon und Levi symbolisieren. Ein Schlachtross und ein geflügelter Stier streben auseinander als weiteres Sinnbild für die Zerstreuung. Die Nachkommen Simeons gingen auf im Stamm Juda und verteilten sich auf die Städte in Judäa, deren Gründung ihnen zugeschrieben wird. Dies deutet Chagall durch die Häuserreihe am unteren Rand des Fensters an.

Levi (3)
Die Nachkommen Levis wurden die Priesterkaste des alten Israels. So wurde ihnen auch die Bundeslade anvertraut und später übten sie den Tempeldienst in Jerusalem aus. Die Farbe des Fensters für Levi ist ein helles Goldgelb. Gold war das wichtigste Material für die sakralen Gegenstände, die Gewänder und den Schmuck. Am unteren Rand ist ein Altar zu sehen, auf ihm verschiedene Gefäße und Kerzen, von denen das goldene Licht ausgeht. Über dem Altar finden sich die Gesetzestafeln mit den zehn Geboten als Zeichen dafür, dass die Leviten die Bewahrer der Torarollen waren. Da die Abbildung von Menschen im Judentum nicht erlaubt ist, sind anstelle der segnenden Priester Tiere gemalt.

Juda (4)
Schon frühzeitig hatte Juda seine Führerschaft unter seinen Brüdern bewiesen. Dieses würdigte Jakob gleich am Anfang seines Segensspruchs: „Mein Sohn, du gleichst dem jungen Löwen..." Der Löwe ist im unteren Teil des Fensters dargestellt. Ganz oben sehen wir eine Krone. Denn aus diesem Stamm sind die großen Könige David und Salomo hervorgegangen. Die rote Farbe des Fensters ist die Farbe des Weins und auch das Purpurrot der Königsmäntel.

Sebulon (5)
Im Fenster von Sebulon finden sich Symbole für ein am Meer lebendes Volk, Fische und ein Schiff. Durch das Gebiet der Sebuloniter verliefen wichtige Handelswege, die ihnen auch Zugang zu den von den Phöniziern beherrschten Häfen verschafften. So konnten sie Handel treiben, was durch das Schiff unten links gewürdigt wird. Da das ihr Leben bestimmende Mittelmeer im Westen lag, ist die Farbe des Fensters durch die im Westen glutrot untergehende Sonne in der Mitte bestimmt.

Issachar (6)
Der Stamm Issachar war sesshaft und betrieb Landwirtschaft. Die Grundfarbe des Fensters ist grün, Pflanzen und Früchte sind zu sehen. Der Reichtum an landwirtschaftlichen Erzeugnissen verführte Feinde immer wieder dazu, ihn zu überfallen und tributpflichtig zu machen. Im unteren Teil des

Fensters ist ein Esel zu sehen, der die schwere Last des Tributs trägt. Die Häuser auf der linken Seite sind als Zeichen für seine Sesshaftigkeit zu verstehen. Es gibt eine Legende, dass Sebulon und Issachar eine Vereinbarung trafen, wonach Sebulon als derjenige, der Handel trieb, für Issachar mitsorgen und Issachar sich dem Torastudium widmen sollte. Das weiße Dreieck in der Mitte ist ein Sinnbild für die heiligen Schriften. Die Hände Jakobs deuten den Segen an, der auf dieser Handlungsweise ruhen sollte.

Dan (7)

Der dreiarmige Leuchter in der Mitte des Fensters ist Sinnbild für die Waage der Gerechtigkeit. Auf dem Leuchter sitzt ein junger Löwe, der ein Schwert in die Höhe streckt. Die Richter kamen aus dem Stamm Dan. Die Bedrängnis durch die Philister hatte den Stamm Dan gezwungen, das ihm ursprünglich durch das Los zugewiesene Land zu verlassen. Das ständige Sich-Wehren-Müssen gegen die Philister wird dargestellt durch eine Schlange, die sich um den Leuchter windet.

Gad (8)

Der Stamm Gad wurde östlich des Jordans ansässig. Dort fand sich gutes Weideland. Trotzdem beteiligte er sich an der Eroberung der westlich des Jordans gelegenen Gebiete, dem gelobten Land. Das Fenster zeigt ein wirres Durcheinander von Waffen, Speeren und Schilden. Daneben sind Raubtiere und Schwerter schwingende Vögel sind zu sehen, alles Symbole für das kriegerische Wesen dieses Stammes. Auf der rechten Seite stürmt ein Pferd heran, auf der linken Seite ein Befestigungsturm, ein Hinweis auf die Trutzburgen der Philister.

Ascher (9)

Der Stamm Ascher bekam bei der Verteilung des Landes an die Stämme Israels ein sehr fruchtbares Gebiet am Meer im Norden des heutigen Israels zugewiesen. Der grau-grüne Grundton des Fensters ist die Farbe des Olivenbaums. Auf der rechten Seite ist ein Olivenbaum und unten links ein vogelförmiges Ölgefäß, darüber der Mahlstein einer Ölmühle. Unten in der Mitte steht ein siebenarmiger Leuchter, rechts daneben ein kleines tassenförmiges Gefäß, das zum Nachfüllen des Öls diente. Der Stamm Ascher war ein friedliebender Stamm. Hinweis darauf ist die Friedenstaube mit einem Olivenzweig im Schnabel.

Naftali (10)

Das Fenster für Naftali ist in einem hellen Gelb gehalten. Es entspricht dem verhältnismäßig schlichten Segensspruch Jakobs für Naftali: „Du, Naftali, gleichst einer Hirschkuh, die auf den Bergen frei herumläuft und du verstehst es gut zu reden." Bei einer Hungersnot waren die Söhne Jakobs ihrem Bruder Josef in Ägypten wieder begegnet. Bei der zweiten Begegnung gab Josef sich als ihr Bruder zu erkennen. Bei der Rückkehr soll Naftali der Schnellste gewesen sein und seinem Vater als Erster berichtet haben, dass Josef lebt.

Josef (11)

Josef war der Erstgeborene Rahels, der Liebling seines Vaters. Auf ihn übertrug sich das Erstgeburtsrecht, das Ruben wegen der Kränkung seines Vaters aberkannt worden war. Über Josef sagte Jakob: „Du, Josef, bist dem Weinstock gleich, der an der Quelle üppig treibt und seine Mauer überwuchert..." Chagall hat dies durch die grasenden Tiere rechts unten und den gut gefüllten Brotkorb unten in der Mitte symbolisiert. Der Schofar, der ganz oben im Fenster geblasen wird, ist ein Zeichen für den Segen des Himmels.

Benjamin (12)

Über Benjamin sagte Jakob: „Du Benjamin, bist wie der Wolf, der morgens seinen Raub verschlingt und abends seine Beute teilt." Die Benjaminiter waren ein kriegerischer Stamm. Dies wird angedeutet durch den Wolf im unteren Teil des Fensters. Vor ihm liegt seine Beute. Die Aufteilung der Beute ist symbolisiert durch den geteilten hebräischen Schriftzug Benjamin. Mose hatte über den Stamm Benjamin den besonderen Schutz Gottes ausgesagt: In der Mitte des Fensters ist das durch einen großen Schutzschild dargestellt.

Dienstag, 16. Februar 2010

Yad Vashem

Dr. Gunnar Sinn
Yad Vashem

Ich will ihnen in meinem Hause und in meinen Mauern ein Denkmal (Yad) und (Va) einen Namen (Shem) geben ... der nicht vergehen soll.
(Jesaja 56,5)

Es ist der 16. Februar 2010 – Faschingsdienstag. In Deutschland ziehen die Faschings- und Karnevalszüge durch die Innenstädte der Fastnachtsmetropolen. In Jerusalem fährt die Reisegruppe hinaus zum Herzl-Berg und besucht die Holocaustgedenkstätte Yad Vashem – vermutlich eines der bedrängendsten Erlebnisse der Reise.
Die Ursprünge von Yad Vashem gehen in das 1953 zurück, als die Knesset die Einrichtung dieser Gedenkstätte beschloss mit dem Ziel, dass sie für jeden Israeli „den Brennpunkt der Identität" darstellen soll. Verschiedene Gedenkorte und Symbole entstanden in den Folgejahren.
Im Jahr 2005 konnte schließlich das neue Museum das Architekten Moshe Safdie (*1938) eingeweiht werden, das sich wie ein Messer durch den Berg schneidet. Es ist mehr als ein Museum – es ist eine grauenvolle Erlebnisreise durch den Holocaust. Die Architektur soll nach Wunsch des Erbauers Emotionen wecken und dies tut sie hier, wie wohl nur noch an wenigen anderen Orten der Welt.

Ein letztes Atemholen in der geräumigen Empfangshalle, dann geht der Weg über eine Stahlbrücke in den dunklen ersten Ausstellungssaal. Nun gibt es kein Zurück mehr. In schier endlosen Serpentinen geht der Weg aufwärts. Das erste Bild: Nürnberg – „Stadt der Reichsparteitage" –, da kommst Du her...
Du reihst Dich ein in den Strom der vielen Besucher aus aller Welt. Du kannst nicht schneller gehen und nicht ruhen. Bilder an den Wänden und auf über 100 Bildschirmen begleiten Dich. Zunächst – scheinbar harmlos – die Anfänge, die antisemitische Propaganda der Nationalsozialisten, Hitler, Goebbels, der Stürmer. Dann die ersten Nachrichten von Pogromen aus der Ferne noch.
Immer wieder spricht ein Zeitzeuge in einem Interview auf den Videowänden von seinen Erlebissen. Dein Weg geht unweigerlich weiter. Da ist das Warschauer Ghetto, in dem Dir Marcel Reich-Ranicki auf einem der Bildschirme gegenübertritt. Gelegentlich ein Stück Himmel durch die Glas-

fenster über Dir, weit weg, unerreichbar, vergänglich. Die Bilder werden immer bedrängender: Bücher, achtlos hingeworfen, Schuhe, Kleider, Brillen, ein Prellbock am Ende eines Gleises.
Du gehst um eine Ecke und stehst unvermittelt einem jungen ultraorthodoxen Juden gegenüber. Was mag in ihm vorgehen, wenn er durch diese Räume geht? Ist er das erste Mal da oder kommt er immer wieder, um sich zu vergewissern, dass das wirklich geschehen ist an seinen Glaubensgeschwistern, was nie hätte geschehen dürfen? Du wirst ihn nicht fragen.
In einem anderen Raum begegnen Dir junge israelische Soldaten. Der Besuch in Yad Vashem gehört zu ihren militärischen Pflichten. Werden sie danach noch fragen, warum sie dieses kleine Land mit ihrem Leben schützen und verteidigen? – die „Heimstatt der Juden", wie es der Vater des Zionismus Theodor Herzl wollte. Es soll einen Ort geben, an dem jeder Jude Jude sein kann, an dem er durchatmen kann, da sein, daheim sein. Die Sätze von Rabbi Marcel Marcus fallen Dir wieder ein, dass er hier endlich einmal nicht Fremder und Gast ist, sondern daheim. Die Soldaten müssen auf den Bildern und Videos sehen, wie Juden entehrt und wie Vieh durch die Straßen getrieben wurden. Sie sehen, wie andere bis auf die Knochen abgemagert in die Kamera blicken oder von Baggern in Massengräber geschaufelt werden. Nie wieder soll einem Juden ähnliches geschehen, – das werden sie sich und einander geloben. Was wird das sonst noch bei ihnen auslösen? Du hoffst, dass es die richtigen Gedanken bei ihnen auslöst, die dem Frieden in dieser Region, auch mit den Palästinensern dienen.
Du beginnst zu verstehen, warum manches in diesem Land so ist, wie es ist.
Dein Weg führt dich an Bildern verhungerter, erfrorener und zu Tode gequälter Menschen vorbei. Leichenberge säumen den Weg. Schließlich bist du in der „Halle der Namen", einer Bibliothek, in der die Namen aller bekannten getöteten Juden in endlosen Ordnern nach dem Alphabet erfasst werden. Der Name der Gedenkstätte wird hier greifbar.
Ein letzter Blick fällt in einen tiefen Schacht, der aus dem Felsen über Jerusalem geschlagen wurde und auf dessen Grund sich in einem dunklen Wasserteich die Bilder der Ermordeten und auch Dein eigenes Gesicht spiegeln.

Der Weg in den Abgrund nimmt Dir fast den Atem. Selten hat Dich ein Museum allein durch seine Architektur und seine Inhalte emotional so mitgenommen und mitnehmen können. Du verlässt die Halle der Namen und stehst an einer Rampe ... Du bist am Ende angekommen.
Doch dieses Ende ist der Anfang: Vor Dir tut sich das gelobte Land auf, die Hügel Jerusalems. In der warmen Sonne musst Du Dir die Augen reiben. – Es ist wahr.

Du hast es geschafft. Du bist angekommen – hier oder dort. Luft holen, wieder durchatmen, da sein...

Die anderen Gedenkstätten in Yad Vashem sind bereits älter, wie z. B. die Halle der Kinder, in der durch wenige Kerzen und viele Spiegel der Eindruck eines Sternenhimmels vermittelt wird. Die Nachkommen Abrahams sollen so zahlreich wie die Sterne am Himmel sein (vgl. Genesis 26, 4). Während man sich als Besucher durch das Dunkel tastet, werden die Namen der Ermordeten verlesen – gespenstisch.

Die Halle der Erinnerung
In der an einen Zeltbau erinnernden Halle der Erinnerung an die Opfer der Konzentrationslager aus dem Jahr 1961 brennt eine ewige Flamme. Unter einer Platte in der Mitte ist Asche der Ermordeten begraben. Die 22 größten Vernichtungslager werden namentlich genannt.
Im Tal der Gemeinden wird an die 5.000 Gemeinden erinnert, die der Schoa, dem hebräischen Ausdruck für die Judenvernichtung, zum Opfer gefallen sind.

Gedenken an die Opfer der Deportation
Eine abgebrochene Brücke mit einem originalen Bahnwaggon erinnert an die Opfer der Deportation.
Doch gibt es auch Zeichen der Hoffnung, wie die Allee und den Garten der Gerechten unter den Völkern, in der zum Beispiel auch ein Baum für Oskar Schindler zu finden ist.
Schließlich ist in Yad Vashem noch die zentrale Holocaust-Bibliothek untergebracht, 68 Millionen Dokumentationsseiten, 112.000 Veröffentlichun-

gen in 60 Sprachen, 24000 Ausstellungsstücke und 10500 Kunstwerke. Die veranschlagte Zeit war zu kurz. Was einem hier begegnet, verlangsamt den Schritt, lässt betroffen und nachdenklich werden. Es war gut, dass die Reiseplanung einen Nachmittag zur eigenen Verfügung vorgesehen hat.

Im Internet kann jedes der in der Halle der Namen aufbewahrten Datenblätter der dokumentierten Holocaustopfer abgerufen werden, wie z.b. das von Anne Frank (http://www.yadvashem.org/wps/portal/IY_HON_Welcome)

Christa Henninger und Jörg Sichelstiel
Eindrückliche Begegnung in Yad Vashem

Voll von den widersprüchlichen Eindrücken der letzten Tage irrten wir anfangs etwas hilflos und überfordert durch die Anlage von Yad Vashem. Auf dem Weg zum „valley of the communities" hörten wir jemand rufen: „Can you help us?" „Of course", antworteten wir, „We will come to you".

Wir liefen um eine Biegung den Weg hoch und trafen auf ein altes Paar. Eine noch recht fit wirkende Frau in Jeans und einen älteren, gebrechlich wirkenden Mann. Sie kamen auf uns zu, lachten und fragten, ob wir Englisch oder lieber Französisch sprechen wollten. Jörg scherzte, „Nein, lieber Spanisch, aber bleiben wir bei Englisch". Wir gingen ein paar Schritte und die Frau bat uns, ein paar Fotos von Ihnen zu machen. Der Mann fragte, ob wir Amerikaner wären oder woher wir kämen. Ich antwortete „from Germany".

Schlagartig veränderte sich die Atmosphäre. Ich spürte, wie der Mann neben mir zusammenzuckte, bleich wurde und erschrak selber. Die Frau überspielte die Situation und nahm ihren Mann mit hoch in den Hain mit Bäumen, die für alle „Righteous among the Nations" also alle Gerechten gepflanzt worden waren, die Juden gerettet hatten. Jedem/r wurde ein

Baum gepflanzt und ein kleines Gedenkschild mit Namen und Daten davor angebracht.

Nachdem sie die Gedenktafel mit etwas Wasser aus Jörgs Flasche gereinigt hatte, stellte sich die Frau mit ihrem Mann unter einen dieser Bäume und Jörg fotografierte sie. Die Frau erklärte, dass auf der Tafel die Namen der zwei Frauen stehen, die ihre Retterinnen waren. Zwei polnische Schwestern, die sie aufgenommen und gerettet hatten. Ihre Familie kam um. Sie überlebte und wanderte Anfang der 50iger Jahre nach Israel aus, wo sie ihren Mann kennenlernte. Sie leben seither im Kibbutz Baram an der Nordgrenze Israels (siehe auch Anhang).

Ich war nach dem Schock des Mannes weiter weg auf der Straße stehen geblieben. Die Frau holte mich, sie wollte von uns beiden mit ihrem Mann und dem Baum ein Foto machen.

Das machte sie und sie erklärte uns, dass sie regelmäßig hierherkämen, um diesen Baum zu fotografieren, so sähen sie auch, wie er immer größer würde.

Jörg ging mit der Frau zur Straße, um E-Mail-Adressen auszutauschen. Ich blieb bei dem Mann zurück. Er lehnte sich mit dem Rücken an den Baum, hielt sich daran fest und bemühte sich um Fassung. Ich fragte ihn, ob er auch einen Retter(in) hätte und ob es dafür auch einen Baum gäbe.

Er erzählte, dass er aus Frankreich käme und im Krieg von einem französischen Dorf namens le Chabon-sur-Lignon gerettet wurde. Maßgeblich daran beteiligt seien der Pfarrer André Trocmé und seine Frau Magda gewesen. Aber das gesamte Dorf hätte ihn und ca. 3000 bis 5000 Juden gerettet. Auf der ganzen Welt hätte es nur zwei Dörfer gegeben, die als gesamte Dorfgemeinschaft Juden gerettet hätten, le Cambon-sur-Lignon wäre eins davon.

Im Museum von Yad Vashem findet man dieses Dorf und seine Geschichte. Wer mehr darüber wissen möchte, siehe Anhang.

Der Mann erzählte, wie er bis vor der Knesset darum gekämpft hatte, dass dieses Dorf auch einen Platz im Hain der Gerechten bekommt, weil hier nur Einzelpersonen vorgesehen waren.

Dann wurde er ganz still und begann zu weinen. Die Tränen liefen unaufhaltsam über sein Gesicht und er sagte leise: „Ich bin jetzt 75 Jahre alt und habe nie mit einem Deutschen geredet."
Und da stand ich nun und wegen eines Missverständnisses hatte er mit mir geredet.

Jörg und ich halfen ihm dann aus dem Hain wieder auf die Straße hinunter. Er schrieb uns noch auf unseren Jerusalemstadtplan seinen Namen: Ely Ben-Gal.
Er war Historiker und hat drei Bücher veröffentlicht. Die Titel kritzelte er ebenfalls auf den Plan.
„When eating with the Devil" habe ich im Internet gefunden.
Er setzte sich mit seiner Frau auf einen großen Stein und wir verabschiedeten uns von ihnen und die Frau versprach, uns das Foto zu mailen. Bisher haben wir es nicht, wir versuchen Kontakt aufzunehmen.

Zutiefst erschüttert gingen wir weiter. Jetzt liefen bei mir unaufhaltsam die Tränen.
Wir hatten Überlebende der Schoa getroffen. Nach 75 Jahren hat Ely Ben-Gal mit einer Deutschen, mit mir gesprochen.

Ich bin zutiefst dankbar für diese Begegnung in Yad Vashem.
Link: http://www1.yadvashem.org/education/entries/english/37.asp

Allee der Gerechten

Dienstag, 16. Februar 2010

Hans Christian Rößler

Heiner Weniger

Orientalisch denken ...
Im Gespräch mit Hans Christian Rößler,
Israel-Korrespondent der FAZ

Zum ersten Mal auf unser Reise fühle ich mich des radebrechenden Englischen enthoben, zuhause in den an- und aufgeregten Gefühlen und Gedanken dessen, was wir bisher erlebt hatten. Ich behaupte einfach, dass es vielen von uns ähnlich ging, im Gespräch mit Christian Rößler nun endlich los werden zu können, was nach drei Tagen Palästina und Jerusalem auf dem Herzen lag – und dabei auf eine direkte europäische Art verstanden zu sein:

- Was er von dem untröstlichen Gedanken unseres vorgestrigen Gesprächspartners Rabbi Marcus halte, dass die Trennung zwischen Israel und Palästina, dass die Mauer, die dieses Land tranchiert, Frieden brächte?
- Ob dieses Land nicht viel zu klein sei – die schmale Stelle zwischen jener Mauer und Mittelmeer messe gerade mal acht Kilometer – dass sich die beiden Völker jemals aus ihrer Verkeilung und Verbissenheit ineinander lösen könnten?
- Was daran stimme, dass die Attentate eben durch diese Mauer erheblich zurückgegangen seien und sie also allein dadurch ihren Zweck erfülle?
- Man sehe doch allenthalben die israelische Diktatur, ja Tyrannei! Wenn wir nur einen Bruchteil dessen glaubten, was Bischof Elias Chacour, Faten Mukarker und Prof. Abu Sway uns erzählten, gäbe es kaum Hoffnung auf Frieden.
- Ob denn der Friedensprozess, der vor 14 Jahren in Oslo und im American-Colony-Hotel begonnen hätte, nicht wieder starten könne?
- Ob denn, wie einmal angenommen, die Christen nicht das Dritte oder verbindende Glied im Friedensprozess sein könnten?

Hans Christian Rößler blieb cool, distanziert, ohne durch Gleichgültigkeit zu verletzen, ganz Korrespondent der FAZ: Das letzte Jahr sei in Israel das ruhigste seit langem gewesen.
Aber was ist mit Gaza? Natürlich versuchten die Israelis von den Menschen-

rechtsverletzungen im Gazakrieg abzulenken und eine andere Problemhierarchie aufzubauen: Nicht der Konflikt mit den Palästinensern, sondern das Atomprogramm des Iran, die Bedrohung, die von hier ausgehe, sei die eigentliche Gefahr im Nahen Osten ...

Trotzdem habe die berühmte Kairo-Rede Obamas nicht ein Bedrohungsszenario, sondern die Annäherung derer, die guten Willens sind, beschworen. Ja, es hätte 2009 eben diese zwei wichtigen Ereignisse gegeben: Die Rede Obamas und die Wahlen in Israel. Dann sei leider viel Zeit verschenkt worden ...

Meinen Sie denn, dass sich überhaupt etwas oder Entscheidendes ändere? Gleich um die Ecke des Lutherischen Hospizes hätte sich eine orthodoxe Judenschule mit Wachturm und Davidstern über dem arabischen Bazar einquartiert. Eine Hundertschaft junger bewaffneter Soldaten wäre gestern demonstrativ aufgezogen ... Was da im Kleinen und immer wieder geschieht, ist ein Glasperlenspiel auf dem Vulkan. Ständig werden von verschiedenen Seiten neue Fakten geschaffen, ohne dass sich freilich etwas Entscheidendes ändert oder ändern darf.

Da gäbe es die Geschichte von dem Mönch, der auf dem Söller der Grabeskirche seine Zelle gehabt und diese gerade einmal für drei Wochen verlassen hätte. Die Muslime von der angrenzenden Moschee hätten daraufhin aus dem leer stehenden Raum eine Toilette gemacht. Der Mönch, zurückgekommen, war hell entsetzt und mit ihm die ganze griechisch-orthodoxe Gemeinde. Sie hätte sogleich die israelische Polizei gebeten, für Recht und Ordnung zu sorgen, damit der Mönch wieder seine Zelle beziehen könne. Der Polizeichef erwiderte, es müsse ein Antrag, unterschrieben von der griechischen Gemeinde vorliegen, den alten Zustand wieder herzustellen, wenn die Israelis einschreiten sollten. Nach reiflicher Überlegung hätte die Gemeinde diesen ihren Antrag jedoch zurückgezogen. Und so bliebe die klösterlichen Zelle eben eine muslimische Toilette.
Das sei aber doch zutiefst ungerecht! Sicher, sagte Christian Rößler, für westliches Denken allemal. Er habe fast ein Jahr gebraucht, um zu verstehen.

Der Frieden im Nahen Osten sei eine hochgefährliche kritische Masse, die ständig ausbalanciert werden muss. So aber bleibt er erhalten. Neue Fakten schaffen und verändern die Balance. Man lernt und muss damit leben. Das sei orientalische Realität.

Frieden sei hier keine Sache von Verträgen und der festen Vereinbarung, sondern der Abwägung, nicht „entweder – oder" sondern „mehr oder weniger", ein Ping-Pong-Spiel, solange der Ball nur auf der Platte bleibe. Alles habe seinen Preis. Rückt im Toilettenstreit die Polizei an, müssen das die griechischen Mönche, die von den Moslems im Berg über Jericho versorgt werden, mit Sicherheit büßen. Jeder Vorteil ist ein Nachteil. Freilich, auch umgekehrt. Deshalb müsse man abwägen.

Aber ist das nicht ungeheuer anstrengend, jedes Mal auszutesten, wieweit man gehen darf? Frieden sei nur dann einigermaßen sicher, wenn er beweglich sei, d.h. in einem Zustand gehalten würde, der im Orient eben als Schalom oder Islam bezeichnet wird. Dabei fällt auf, dass Schalom oft in Verbindung mit Verben der Bewegung vorkommt. Im Orient gäbe es nur ein Gebot und das sei die Summe jener berühmten zehn: Du sollst leben! Überleben. Das Leben wird auch hier weiter gehen, wenn wir wieder in Deutschland wären. Es sei für den Monat Februar schon erstaunlich warm. Aber wenn es erst richtig heiß wird, dann könnte es gefährlich werden ...

Wie er persönlich damit klar komme? Das Glasperlenspiel auf dem Vulkan sei doch eine sehr unbefriedigende Situation! Es gäbe da einen Ort, zwar kein west-östlicher Diwan, aber seit jeher verlässlich, unabhängig und einfach cool: Das American-Colony-Hotel sei bei allen Jerusalemern beliebt. Es ist ein Ort, an dem Juden und Araber in offener Atmosphäre aufeinandertreffen, und der als Anlaufpunkt dient für internationale Journalisten und Diplomaten aus aller Welt. Aber es gäbe auch noch Bethlehem ...

Was an Hans Christian Rößler faszinierte, ist ein Stück weit unser eigener Narzissmus gewesen. Dass einer von uns, einer aus Neuendettelsau, für die FAZ – eine der großen renommierten Zeitungen - aus der Heiligen Stadt, umbiculus mundi, Nabel der Welt, aus dem Bauch raus schreiben und berichten darf, gab dem Gespräch eine sympathisch hellhörige Note. Sind wir nicht auch wie er Korrespondenten, Mit-Beantworter, Boten Jerusalems, er der irdischen und wir der himmlischen Fragen Sehnsüchte und Depressionen?

Herr, gnädiger Gott, ich habe Sehnsucht nach Jerusalem. Nach der hochgebauten Stadt im Himmel, aber auch nach der Felsenstadt drüben in Israel.
- Am Jakobsbrunnen würde ich versuchen zu träumen von der Leiter, die bis in den Himmel reicht.
- Am See Genezareth sitzen, die Bergpredigt ganz langsam vor mich hin sagen; das Wunder erleben mit der Speisung der Fünftausend ...
- Nach Jerusalem hinaufgehen, mitjubeln, wenn der König der Ehren einzieht.
Herr, vor dem Palast des Pilatus stehen und schreien: Nein, nein, nicht den, nicht den, der ist unschuldig – den Barabbas, den Barabbas – oder besser keinen.
- Und an Ostern: Er ist auferstanden! Und jubeln und jubeln – tanzen und klatschen: Er ist auferstanden, er ist auferstanden.
Herr, ich möchte das irdische Jerusalem sehen, über das Land gehen, über das Jesus ging; alle seine Orte sehen, die Stätten seiner Wunder und Predigten: Jesus von Nazareth, Christus der Ewigkeit!
Herr, ich möchte das irdische Jerusalem sehen – und das himmlische! Amen
Gebet aus Afrika

Dienstag, 16. Februar 2010
Hans-Martin Gloël

Das Win-Win Projekt in Jerusalem

„In Jerusalem haben alle den Eindruck, eine Minderheit zu sein!" sagt Hilia Tsedaka, die junge Direktorin des Projekts Win-Win Jerusalem.
Ganz offenbar ist das ein Schlüssel zum Problem – zumindest ein Schlüssel zu dem Gefühl, immer kämpfen, sich gegenüber den anderen behaupten zu müssen, um nicht übervorteilt zu werden, ja um existieren zu können. Ist es möglich, dem etwas entgegen zu setzen?

Ein Team, das will, dass Jerusalem gewinnt
Es ist der letzte Abend der dichten Tage in Jerusalem. 14 Teilnehmende unserer Gruppe entschließen sich, ihn an einer festlich gedeckten Tafel im American Colony Hotel zu verbringen, wozu wir drei Vertreter der Initiative Win-Win Jerusalem eingeladen haben:
Hilia Tsedaka ist die jüdische Vertreterin, deren Eltern bereits in den 1970er Jahren aus der damaligen Sowjetunion nach Israel einwanderten.
Seta Hovanesian, die christliche Vertreterin, ist Erzieherin in einem armenischen Kindergarten und wendet sich mit interreligiösen Projekten vor allem an die Eltern der Kinder.
Raed Hashema, der muslimische Vertreter, ist Lehrer und – laut Visitenkarte: „Peace Maker". An einer arabischen Schule gibt er Ivrit-Unterricht und an einer jüdischen Schule Arabisch-Unterricht.

Ein Palast für Juden, Christen und Muslime
Der prächtige arabische Palast, der einmal für einen Pascha und seine vier Ehefrauen gebaut wurde, bietet den idealen Rahmen und inhaltlichen Hintergrund für dieses Treffen. Nicht nur wegen des Paschas (s.u.), sondern

v. a. wegen seiner Geschichte seit dem Ende des 19. Jahrhunderts: Nach einem schweren Schicksalsschlag und der damit verbundenen Glaubensprüfung zog das amerikanische Ehepaar Spafford nach Jerusalem, um dort mit anderen Glaubensgeschwistern ein Leben nach dem Vorbild der frühen Christen zu führen. Durch ihr unaufdringliches Wesen und ihr soziales Engagement erwarben sie sich den Respekt aller Bevölkerungsgruppen. Nach einigen Jahren kauften sie das nun sogenannte American Colony Hotel, das bis heute von Nachkommen der Familie betrieben wird.

„Das American Colony war schon immer als ein Refugium bekannt, das sich aus der turbulenten Politik des Landes heraushielt. Das Hotel, das sich nie im Besitz von Arabern oder Juden befunden hat, sondern seit seiner Gründung von Amerikanern, Briten und Schweden geführt wird, war zu jeder Zeit in allen Schichten der gemischten Jerusalemer Gesellschaft beliebt. Es ist ein Ort, an dem Juden und Araber in offener Atmosphäre aufeinandertreffen, und dient als Anlaufpunkt für internationale Journalisten, hochrangige Vertreter der Vereinten Nationen sowie Diplomaten aus aller Welt." [1]

Als ich zu Beginn des Treffens darauf hinweise, wie gut es ist, solche Orte in Jerusalem zu haben, die für Juden und Araber gleichermaßen gut zugänglich sind, wirft Seta ein: „Und wir sind beide gleichermaßen unter dem Dach von Amerika – American Colony!"

Das Projekt

Win-Win Jerusalem versteht sich als Nichtregierungsorganisation und möchte mit diesem Projekt Spannungen zwischen verschiedenen Gruppen der Gesellschaft abbauen (Muslimen, Christen und Juden, Orthodoxen, Säkularen, neuen und alten Immigranten[2]), um die Grundlage für ein sicheres und wirtschaftlich erfolgreiches Jerusalem zu schaffen.

Zu diesem Zweck werden für Multiplikatoren aus diesen Gruppen Seminare angeboten, in denen mit Methoden der Konflikt-Transformation sowie der Gewaltfreien Kommunikation nach Marshall B. Rosenberg gearbeitet wird.

„Wir können nicht immer gleich alle Gruppen zusammenbringen, oder auch nur sagen, dass wir auch mit Arabern zusammenarbeiten", sagt Hilia und berichtet, dass sie mit jüdischen Kollegen auch in israelischen Siedlungen in der Westbank arbeitet. „Wir sagen den Leuten dort, dass wir ihnen helfen, mit ihren Fragen und Problemen zu arbeiten, die sie dort in den Siedlungen haben. Das schönste Erlebnis für mich war es, als beim letzten Seminarmodul ein junger Siedlerführer aufgestanden ist und sagte: ‚Wenn diese Methoden so gut bei unseren Konflikten funktionieren, warum sollten wir sie nicht auch mit unseren arabischen Nachbarn ausprobieren?'"

Das Projekt hat das Ziel, langfristige Lösungen für Nachbarschaftskonflikte zu erarbeiten und dynamisch die Strukturen des Umgangs miteinander zum Positiven zu verändern.
Mit einem Tourismusprojekt, das von Juden, Christen und Muslimen aus Jerusalem für Pilger dieser Religionen aus aller Welt angeboten wird, wird Jerusalem als eine Stadt der Vielfalt dargestellt.

Jerusalem – ein Mosaik
„Mosaic Project" war der ursprüngliche Name dieser Initiative, der ganz Wesentliches über das Zusammenleben in dieser Stadt beinhaltet.
Auf der Madaba-Karte (um 560 n. Chr.), der ältesten Darstellung der Stadt, begegnet Jerusalem als Mosaik im Wortsinn.
Doch ist Jerusalem noch in tieferem Sinne ein Mosaik. Der Blick auf einen Stadtplan, der die klare Aufteilung der Altstadt in ein armenisches, christliches, jüdisches und muslimisches Viertel kennzeichnet, macht das deutlich.
Hier spiegelt sich das islamische Gesellschaftssystem wider, das – von den Byzantinern übernommen – später von den Osmanen im Milletsystem[3] weiter entwickelt wurde. In einem „hierarchisierten Pluralismus"[4] gelten Juden und Christen als Schutzbürger (dhimmi). Ihre Zugehörigkeit zur Gesellschaft steht außer Frage (sie gelten als Teil des „Hauses des Islam"), doch haben sie sich in politischer Hinsicht zu unterwerfen. In zivilrechtlicher und kultischer Hinsicht genießen sie jedoch Autonomie.
Dieses fein säuberlich organisierte Nebeneinander bildet sich mosaikartig im Stadtplan ab; es hat solange funktioniert, solange die Machtfrage im oben genannten Sinne geklärt war, konkret: solange das osmanische Reich stark war und die volle Kontrolle über seine Gebiete ausübte.

So hat sicherlich auch ein osmanischer Pascha (s. o. zur Geschichte des American Colony-Hotels) auf durchaus ambivalente Weise zum Frieden zwischen den verschiedenen Religionsgruppen beigetragen. Er jedenfalls scheint die unterschiedlichen Interessen besser gedeckelt zu haben, als die USA dies mit ihrem Einfluss heute vermögen oder wollen.

Seit dem Zusammenbruch des Osmanischen Reiches stellt sich die Machtfrage neu: die Dhimmi haben den Spieß umgedreht und mit dem Libanon (christlich geprägt, mit christlichem Staatspräsidenten) und Israel (Judenstaat) selbst Staaten gegründet.
Dass es sich dabei aber nicht einfach um eine Übernahme eines auch nur ähnlichen Systems unter umgekehrten Vorzeichen handelt, wird in Jerusalem deutlich: die Hierarchisierung ist im politischen Willen deutlich erkennbar, nicht jedoch die Akzeptanz des Pluralismus und des Schutzes der politischen Minderheiten: ein wenige Jahre dauernder Auslandsaufenthalt eines Palästinensers mit israelischem Pass genügt, um nicht mehr ins eigene Land, in die Heimatstadt zurückkehren zu dürfen.[5] Ein rechtlich gesicherter Besitz von Land und/oder Haus (bzw. der Erhalt einer Baugenehmigung) ist für Palästinenser in vielen Fällen nicht möglich.
Ein Blick auf den aktuellen Stadtplan von Jerusalem mit den israelischen Siedlungen im palästinensischen Ost-Jerusalem[6] zeigt, dass die gewachsenen Strukturen, in denen das Zusammenleben jahrhundertelang organisiert war, systematisch durchbrochen werden.[7]

Die Vision und ihre Wirkungen
Die Initiative Win-Win Jerusalem möchte Jerusalem zu einer Stadt entwickeln, die die kulturelle und religiöse Vielfalt ihrer Gemeinschaften feiert und ökonomisch blüht.
Aus allen Gemeinschaften (jüdisch, muslimisch, christlich, säkular, religiös) heraus soll dieses vielfältige Stadtleben aktiv gestaltet werden. [8]
Solange Win-Win Jerusalem die Konfliktsituationen in verschiedenen lokalen Kontexten nur moderiert und die Konfliktparteien besänftigt, könnte ihr vorgehalten werden, die derzeit herrschende win-lose-Situation noch zu unterstützen.
Die Initiative wendet sich aber gezielt an Verantwortliche aus den einzel-

nen Gruppen, um die politischen und rechtlichen Strukturen des Verhältnisses nachhaltig zu verändern. Wo sich diese politische Wirkung an der Basis durchsetzen kann, da mag es nicht unrealistisch sein, dass sie auch weitere politische Ebenen beeinflusst.
Der muslimische Scheich Bukhari, mit dem die Initiative zusammenarbeitet, ist alles andere als kleinmütig, wenn er von seiner Vision für diese Arbeit spricht:
„Jerusalem ist das Herz der Welt. Wenn das Herz gut ist, wird die ganze Welt gut sein."
Für unsere Gruppe hat sich an diesem Abend etwas erfüllt, was wir mit Psalm 122 am Abend unserer Ankunft in dieser Stadt auf dem Ölberg gebetet haben [9]:
„Jerusalem ist gebaut als eine Stadt, in der man zusammenkommen soll."
(Psalm 122, 4) Und davon haben wir zumindest eine Ahnung bekommen:
„Es möge Friede sein in deinen Mauern und Glück in deinen Palästen!"
(Psalm 122, 7)

Internet: http://winwinjerusalem.org – Telefon: 00972 – 546 373 010

Anmerkungen:

[1] www.americancolony.com/de/History/tabid/117/Default.aspx.html

[2] Aufzählung laut der Selbstdarstellung auf http://jerusalem-mosaic.org

[3] milla: Religion, Konfessionsgemeinschaft, Nation

[4] so Maxime Rodinson, La notion de minorité de l'Islam, in: ders., L'Islam politique et croyance, Paris: Fayard 1993, 115-152, hier 116

[5] Was Jerusalem betrifft, ist die Frage des Passes / Aufenthaltstitels von Palästinensern i.d.R. noch komplizierter und differenzierter.

[6] Ost-Jerusalem wurde 1980 von Israel annektiert, was die internationale Staatengemeinschaft nie anerkannt hat.

[7] Grundsätzlich muss es nicht bedauerlich sein, wenn sich die Bevölkerung mischt – ganz im Gegenteil: in einem gemeinsamen (binationalen) Staat, der all seinen Bürgerinnen und Bürgern unabhängig von Ethnie und Religion gleiche Rechte und Chancen gewährt, wäre solch eine neue Mischung weit weniger Grund zum Konflikt.

[8] Aufzählung lt. Selbstdarstellung auf der Website: http://winwinjerusalem.org Rubrik „Vision"
Video auf der o. g. Website

[9] Es war die einzige Begegnung in unserem Programm, bei der bewusst Juden, Christen und Muslime zusammenkamen.

Mittwoch, 17. Februar 2010

Baden im Toten Meer

Blick vom Berg Nebo in das Jordantal

Vera und Hannes Ostermayer
Im Toten Meer und auf dem Berg Nebo

Nach einer eine Stunde Grenzkontrolle haben wir es geschafft: Wir sind in Jordanien. Die Gruppe „Dekanat-Nürnberg", wie wir in Israel genannt wurden, teilt sich und wir steigen in zwei kleinere jordanische Busse. Jetzt sind wir „Amani-Tour Gloël A und B".
Wir fahren ein paar Meter mit unserem Bus „Gloël B". An der Grenzkontrolle steigt der Busfahrer aus. Er begrüßt den Grenzsoldaten mit Linkskuss und Rechtskuss, der zweite ein wenig länger. Das waren offenbar die notwendigen Formalitäten. Der Fahrer steigt wieder ein und fährt los. Im Bus ist es still. Alle schauen neugierig hinaus. Da ist ein Jeep mit aufgepflanztem Maschinengewehr auf dem Dach. Wir werden noch einige davon sehen. Aber es gibt auch Lebendiges: Zur Linken Kamele, schwarz, braun und weiß, rechts eine Schafherde.
Wir fahren durch das dritte türkisfarbene Tor. Die Pässe werden eingesammelt. Wir müssen wieder aussteigen, das Handgepäck darf im Bus bleiben. Wir werden aufgefordert, die Koffer aus den Gepäckabteilen der Busse zu nehmen und sie in einem Grenzzimmer auf ein Förderband legen. Der Grenzbeamte schaut nur ab und zu auf den Bildschirm. Er scheint nicht sehr interessiert. Gescannte und nichtgescannte Koffer könnten sich auch leicht mischen. Die Durchführung der Kontrolle ist mehr als ungewöhnlich. Dann die Koffer wieder in den Bus, aber bitte in den richtigen und einsteigen. Als der Bus anfährt, bekommen wir unsere Pässe zurück.
Aber jetzt ist es mit der Ruhe vorbei. Unser Reiseleiter, ein älterer Herr, stellt sich vor: „Hannibal, heiße ich, Sie kennen den Namen. Sehr geehrte Damen und Herren, bitte sehr, wir haben hier ein interessantes touristisches Programm." Er hat viel zu erzählen: „Die Monarchie in Jordanien ist erblich, die arabische Sprache hat 26 Buchstaben, es gibt viel Gemüse im Jordantal, zwei Ernten im Jahr, wir befinden uns auf der arabischen Platte, es besteht Erdbebengefahr, es gibt 100.000 Einwohner im Jordantal und eine Million Gastarbeiter aus Ägypten in ganz Jordanien, östlich von uns ist die Steppe, arabisch Albadia genannt, daher der Name Beduine = das ist der Steppenmensch, Alkohol ist ein arabisches Wort = Al Kohol = so bezeichnet man ein medizinisches Mittel." Wir bekommen den Hinweis, dass vom Bus aus Schattenbäume und Gewächshäuser zu sehen sind. Dann kommen wir zur Stelle, an der Jesus nach Hannibals Meinung ganz sicher getauft wurde: „Bitte sehr, das Tote Meer 80 km lang und 18 km breit, 30 %

Salzgehalt, Vorsicht beim Baden, nur zehn Minuten, dann duschen!"
Wir erreichen „Amman Beach Tourism Resort Restaurant and Pools", eine wunderbare Clubanlage mit Swimmingpool und Wasser in Hülle und Fülle - erstaunlich in einem wasserarmen Land. Die Glücklichen, die eine Badehose oder einen Badeanzug dabei haben, können ganz ins Wasser, andere wagen sich nur ein Stück weit hinein. Eine kleine Gruppe bleibt oben im Schatten sitzen. Anschließend gehen alle, die mit dem Wasser Kontakt hatten, das Salz unter der Dusche oder im Pool abwaschen, denn es gibt Mittagessen.
In einer flachen Halle empfängt uns das erste jordanische Buffet (wir werden nichts anderes kennen lernen). Alle Freunde von Salat und Grünzeug kommen voll auf ihre Kosten, Die Gewürze in manchen Speisen sind ungewöhnlich, aber das Essen schmeckt gut.
Nach zwei Stunden ruft Hannibal uns zusammen, „Meine Damen und Herren, bitte sehr, wir gehen in den Bus!" Er erzählt weiter: „Bis 1946 hatten die Beduinen die Mehrheit, jetzt nur noch 3 %. Sie bekommen Wasser kostenlos, werden bis zu 50 % vom Staat unterstützt. In Jordanien gibt es drei Millionen Schafe, eine Million Ziegen, nur 13.000 Kamele, aber 15.000 Pferde. In Amman befindet sich eine Zucht reinrassiger Araberpferde. Meine Damen und Herren, hier rechts sehen sie Siedlungen für Beduinen. Viele sind sesshaft geworden, die Kinder gehen zur Schule. Vor einer Woche erst hat es in Jordanien ein wenig geregnet und geschneit. Zigeuner gibt es auch, hier links. Haben eigene Sprache, machen Musik, klauen, prostituieren sich. Haben bunte Zelte, Beduinen haben weiße Zelte. Bis 1994 bestand die allgemeine Wehrpflicht. Nachdem Israel und Jordanien Frieden geschlossen haben, gibt es nur noch ein Berufsheer. Meine Damen und Herren, in Jordanien gibt es 27 Millionen Olivenbäume. Hier sehen sie Beduinen mit Tankwagen. Darin ist das Wasser."
Wir fahren hinauf zum Berg Nebo, dessen Spitze 810 m über dem Meer liegt. Einst wohnte hier oben eine kanaanäische Gottheit. Von dort oben soll Mose das erste Mal das Heilige Land gesehen haben, das er nicht betreten durfte. (Warum nicht? Antwort siehe Num 20). Die Legende sagt auch, dass er nach seinem Tod von Engeln hier oben beigesetzt wurde.
Heute steht am höchsten Punkt ein Kunstwerk. Es ist ein Kreuz, um das sich eine eherne Schlange windet (siehe Deuteronomium 34, 1f.). Einige

wenige Meter weiter befindet sich ein Kloster, das eigentlich von Franziskanern bewohnt wird. 1932 zogen sie hier ein, nachdem der Ort seit dem Mittelalter verlassen war. Vom alten Glanz der kleinen dreischiffigen Basilika, die seit dem 4. Jahrhundert an der Stelle des Mausoleums aus römischer Zeit steht, kann man sich in einer kleinen Ausstellung überzeugen. Gut, dass man hier einen Eindruck gewinnen kann, denn leider werden Kloster und Kirche gerade restauriert und wurden zu diesem Zweck vollständig demontiert.

Von einer Aussichtsstelle neben einem runden Stein können wir in der Ferne die sogenannte Mosequelle erahnen. Dann stehen wir auf der anderen Seite des Berges auf der offiziellen Aussichtsplattform und versuchen das Land jenseits des Jordans bzw. des Toten Meeres zu erspähen. Leider vergebens. Es ist dunstig. Zu viel Feuchtigkeit ist in der Luft, denn die Temperaturen sind in kurzer Zeit sehr angestiegen. Aber die wärmende Sonne ist für uns nach dem langen deutschen Winter ein Geschenk – das wir gerne annehmen.

Hannibal ist überraschend wortkarg, wenn der andere jüngere Führer aus dem zweiten Bus mit dabei ist. Die beiden räkeln sich an der Brüstung der Aussichtsplattform – unsere Chefs in Jordanien – für niemanden zu übersehen.

Auf dem Rückweg fällt der Blick noch einmal auf das byzantinische Kloster aus dem 6. Jahrhundert. Die wunderbaren Mosaiken, die während der Restaurierung in ein Zelt ausgelagert wurden, haben beeindruckt. Sie stammen aus einem kreuzförmigen Bassin, einem Taufbecken aus dem frühen 6. Jahrhundert, erst vor 30 Jahren entdeckt. Da sind Jagdszenen zu entdecken, Menschen, ein Kamel, ein Strauß, ein Zebra, Wildschweine und Hunde und viele Blumen und Pflanzen. Liest man die Szenen von oben nach unten, dann zeigen sie zunächst Menschen als Jäger, dann als Hirten und schließlich als Heger und Freunde von Tieren. Sollten diese Darstellungen vor Augen führen, wie die Taufe Menschen verändert?

Die Frage können wir nur mitnehmen, denn Hannibal winkt uns zurück in den Bus. Wir steigen ein und fahren abwärts nach Madaba.

Mittwoch, 17. Februar 2010

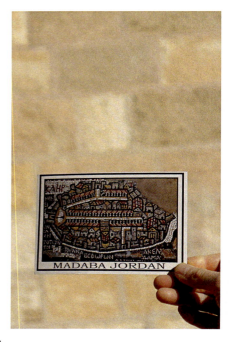

Die griechisch-orthodoxe St. Georgskirche in Madaba

Hans-Detlev Roth und Johannes Scholl
Das Mosaik von Madaba in Jordanien

Nachdem sich viele aus unserer Reisegruppe beim Schwimmen im Toten Meer amüsiert und wir alle uns dort bei einem guten Mittagsbuffet gestärkt hatten, was uns die Kraft gab, den „Moseberg" (Mount Nebo) zu erklimmen – allerdings nur vom dortigen Parkplatz aus –, erreichten wir gegen 15 Uhr die Stadt Madaba, umgeben von landwirtschaftlichen Nutzflächen.
Madaba selbst ist eine Stadt, deren Geschichte weit in das Altertum hineinreicht und die Zeugnis gibt von der umfassenden christlichen Präsenz in der vorislamischen Zeit.

Von einem Parkplatz aus ging unsere Gruppe zehn Minuten zur griechisch-orthodoxen St. Georgskirche, die innerhalb einer zum Teil bepflanzten Umfriedung und neben einem kleinen Informationszentrum liegt.
Kurz entschlossen wollten wir eigentlich gleich die Kirche in Augenschein nehmen, bemerkten aber, dass die Kirche in liturgischer Benutzung war. Eine Totengedenkfeier nach Ablauf der vierzigtägigen Trauerzeit wurde gerade zelebriert. Unsere beiden jordanischen Reiseführer versuchten tatkräftig die ungeplante Situation in den Griff zu bekommen und beorderten uns kurzfristig ins Informationszentrum.

An einer großen Mosaikkarte wurde uns von einem Reiseführer die Bedeutung des Mosaiks der St. Georgskirche erläutert.
Es zeigt eine Pilgerkarte und wurde 1894 während der Arbeiten für den Bau einer neuen griechisch-orthodoxen Kirche am Ort der alten byzantinischen Kirche freigelegt.

Obwohl man gleich die Bedeutung des Mosaiks begriff, hatte das keine archäologischen bzw. restauratorischen Bemühungen zur Folge. Erst als die „Volkswagen Stiftung" 1964 dem „Deutschen Verein zur Erforschung Palästinas" 90.000 DM zur Verfügung stellte, wurde die wissenschaftliche Sicherung und Rekonstruktion in Angriff genommen.
Das Mosaik, das im rechten vorderen Teil der Kirche zu besichtigen ist, zeigt eine Landkarte offensichtlich zur Orientierung der Pilger.
Es ist aus ca. 2,3 Millionen Mosaiksteinen zusammengesetzt worden. Die Steine stammen aus Marmorstatuen der Römerzeit.

Sehr gut auf der Karte zu erkennen ist die Stadt Jerusalem, wie sie sich vor 570 n.Chr. den Pilgern zeigte (heute die Altstadt von Jerusalem mit Davidstraße und Löwentor).

Da die „Nea-Kirche" zu Jerusalem auf der Karte zu sehen ist, wird die Herstellung des Mosaiks auf die Zeit zwischen 542 bis 570 n. Chr. datiert. Das Madaba-Mosaik ist die älteste im Original erhaltene kartografische Darstellung des Heiligen Landes mit Jerusalem.
Auftraggeber war vermutlich das damals in Madaba ansässige Bistum. Da das Mosaik sich nach der „Ostung" des Apsis ausrichtet, also nach Jerusalem, entspricht die Mosaikkarte den tatsächlichen Himmelsrichtungen und somit auch der Topografie des für das Pilgerwesen interessanten Gebietes.
Insgesamt sind auf diesem Mosaik 150 Städte und Dörfer abgebildet.
Besonders markant kommt die Stadt Jerusalem zur Darstellung. Vieles, was wir gerade besichtigt hatten, bzw. Straßen durch die wir gelaufen waren, konnten wir unschwer identifizieren, z.b. die großen Stadttore, die Grabeskirche, den großen und kleinen „Cardo" (Säulenstraßen), heute Bazare ...
Insgesamt stellte die Mosaikkarte ein Gebiet vom Libanon bis Ägypten und vom Mittelmeer bis zum Wüstengebiet Jordaniens dar.
Die Beschriftung erfolgte in griechischer Sprache und bezeugt die Internatonalität des Pilgerwesens zur frühbyzantinischen Zeit.

Heute ist nur noch ein kleinerer Teil des Mosaiks zu sehen, da bereits schon muslimische Herrscher Eingriffe in figurale Darstellungen vornehmen ließen und der Zahn der Zeit das Seine dazu getan hat. Die meisten Zerstörungen am Mosaik geschahen allerdings erst nach der „Entdeckung" des Mosaiks im 19. Jahrhundert durch Wasser- und Feuchtigkeitseinwirkungen sowie durch Brände und Feuerbestattungen in der Kirche.
Wenn man dann in der Kirche neben dem Mosaik steht, ist vieles auf den ersten „touristischen" Blick gar nicht erkennbar. Wir durften dankbar sein, vorher eine gute und prägnante Einführung an Hand einer Reproduktion gehabt zu haben.

Jedenfalls gilt: Madaba ist einen Besuch wert!

Das gesamte Mosaik, beschrieben auf einer Hinweistafel vor der St. Georgskirche, Madaba

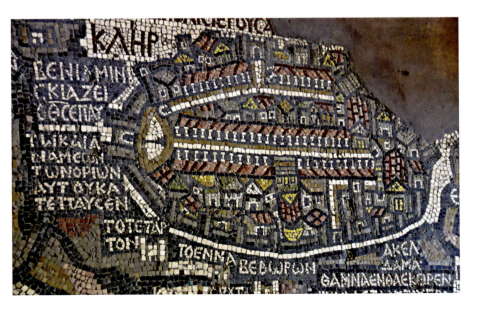

Jerusalem-Ausschnitt des Mosaiks mit dem Cardo von rechts nach links verlaufend

Mittwoch, 17. Februar 2010

In der Theodor-Schneller-Schule zu Amman

Tabea und Friedrich Baader
Auf dem Weg nach Amman

Das Madaba-Mosaik
Auf dem Weg von Jerusalem nach Amman machen wir Station beim Madaba-Mosaik (St. Georgs-Kirche in Madaba/Jordanien). Es sieht aus wie eine Landkarte für Pilger auf dem Weg nach Jerusalem. Dass das Mosaik aus dem 6. Jh. stammt, ist uns heute deshalb bekannt, weil darauf die Nea-Kirche (Jerusalem) dargestellt ist, die 542 n. Chr. geweiht wurde, hingegen fehlen auf der Darstellung Bauwerke, die in Jerusalem nach 570 n. Chr. errichtet wurden .
Madaba war zur Zeit der Entstehung des Mosaiks Bischofssitz. Nachdem die Stadt 614 erobert wurde und nach einem Erdbeben, ließen Umayyaden-Herrscher im 8. Jh. figürliche Darstellungen aus dem Mosaik entfernen. An der Restaurierung des Mosaiks im 20. Jh. war u.a. Herbert Donner beteiligt. Wer es sich in Deutschland ansehen möchte, kann in Göttingen eine Kopie in der Sammlung des Archäologischen Instituts finden.

Theodor-Schneller-Schule (Amman)
Am liebsten würden wir einfach dableiben. Das sagen einige nach dem Besuch in der Theodor-Schneller-Schule (TSS) in Amman: Sehen, wie Friedenspädagogik lebendig wird und lernen, wie gelebte Religion einen ganz selbstverständlich zum Frieden leitet.
Einen Vorgeschmack haben wir von Musa al Munaizel, dem pädagogischen Berater bekommen. Er erzählt uns aus der Geschichte der TSS davon, wie Johann Ludwig Schneller mit seiner Frau 1860 nach Jerusalem reiste und weiter in den Libanon. Wie er die da Not sah und ein Waisenhaus gründete. Mittlerweile ist dieses Waisenhaus nach Amman und in den Libanon umgezogen, da es als deutsche Einrichtung nach 1948 nicht mehr in Israel bleiben durfte. So musste die Schule mit Sack und Pack, fränkischen Kirchenbänken und Fenstern und einem Altarbild aus Gunzenhausen an den neuen Ort.
Wichtiger als die Geschichte dieser Schule ist der Geist, der in ihr weht. Etwa 50 Jungen von vier bis 14/15 Jahren werden im Rahmen des Programms zusätzlich zur Schule in einer Kfz-Werkstatt, einer Tischlerei und einer Metallwerkstatt ausgebildet. Mit ihren Abschlüssen haben die Jugendlichen gute Chancen auf dem Arbeitsmarkt. Politische Unterstützung bekommt die TSS vom jordanischen Königshaus. Das Evangelische Mis-

sionswerk in Südwestdeutschland ist das finanzielle Rückrat, wobei die Schule selbst 40 % ihres Budgets in ihren Werkstätten aufbringen muss.

Friedenspädagogik
Der pädagogische Spitzensatz, den Musa al Munaizel immer wieder betont, ist: „In jedem Kind steckt etwas Gutes!" Er sagt, es sei spannend zu sehen, was es bedeute, wenn ein Mensch eine positive Perspektive entwickle. Und das, obwohl die Kinder aus schwierigen sozialen Verhältnissen in diese Schule kommen. Sie kennen Gewalt von zuhause und erleben sie immer wieder, wenn sie, z.B. in den Ferien, nach Hause kommen. Trotz allem kann die eigene Religion aber zum Frieden mit anderen anstecken. Dazu erzählt uns Musa al Munaizel von einem Ereignis an Weihnachten 2005. Weihnachten wird der Sache nach in der TSS von den Christen ausgerichtet und gefeiert. Im Jahr 2005 jedoch befahlen die Jugendlichen der Abschlussklasse, die Kirche zu räumen: „Raus hier!". Aufregung und Unruhe waren groß. Erzieher und Heimleitung fragten sich, ob sie einen Konflikt übersehen hätten und vermuteten Unruhe. Das Rätseln hatte ein Ende, als die Muslime die Christen wieder in die Kirche zurück kommen ließen: dort waren Krippe und Weihnachtsbaum als Weihnachtsgeschenk der Muslime an ihre christlichen Geschwister in der TSS aufgestellt.

Das Gleichnis vom Wein und den Rosinen
Dass das Selbstbild Konsequenzen für die Entwicklung der Kinder hat, erklärt auch den Ort, den Religionsausübung im Schulleben einnimmt. Sie ist im Nahen Osten selbstverständlicher Teil des Lebens, deshalb auch in der TSS. Um sie wirklich zu vermitteln, denkt Musa al Munaizel interkulturell statt intellektuell. Um den Kindern zu erklären, dass alle, Christen und Muslime, Hand in Hand gehen können, weist er auf die Verarbeitung von Trauben hin. Wein und Rosinen werden beide aus Trauben gemacht. So ähnlich sei es mit Gott: Wir haben alle einen Gott, aber es gibt verschiedene Arten der Religionsausübung. Christen ist der Wein aus den Trauben wichtig – im Islam geht es eher um die Rosinen, aber im Grunde hat beides, Wein wie Rosinen, den gleichen Ursprung. Deshalb wird im Leben und vor jeder Mahlzeit gemeinsam gebetet: „Lieber Gott, segne diese Speise, damit sie Nahrung für uns und unsere Seele bleibt."

In der Theodor-Schneller-Schule zu Amman, links: Schulleiter Musa al Munaizel, rechts: Pater George

Mittwoch, 17. Februar 2010

 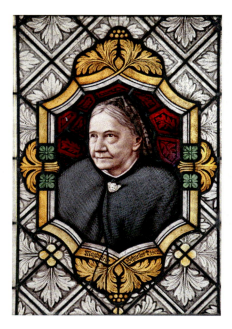

Oben: Die alten Glasfenster in der neuen Schulkapelle: Theodor Schneller und seine Frau Magdalene
Unten: Schulleiter Musa al Munaizel

Annette Schuck
Theodor - Schneller - Schule
Begegnung mit einem visionären Pädagogen

Am Aschermittwoch gegen 17 Uhr wurden wir von Musa Al Munaizel und Pater George in der Christuskirche auf dem Schulgelände der Schneller-Schule begrüßt, der Aschermittwochsgottesdienst für die Schüler war gerade zu Ende gegangen.

Uns erwartete zunächst ein kurzer historischer Rückblick:
Vor 150 Jahren war die erste Schneller-Schule in Jerusalem gegründet worden, 1948 musste diese Schule geschlossen werden. 1952 wurde eine Schneller- Schule im Libanon gegründet, 1959 die Schule in Amman.

Unterrichtet werden zurzeit 250 Schüler von der ersten bis zur zehnten Klasse, davon leben im Internat 130 Schüler im Alter von vier bis 20 Jahren, in der Berufsausbildung befinden sich 49 Schüler. Die Vermittlungsquote in den jordanischen Arbeitsmarkt beträgt 100 %.

Die Schule nimmt hochbegabte Schüler auf und will auch ein Netz bieten für „schwierigste Fälle" und Analphabeten. Die Schüler sollen Zeit und Raum bekommen, eine eigene Perspektive zu entwickeln, Selbstvertrauen zu gewinnen und Aggressionen und Gewalt zu beherrschen. Angeboten werden ihnen dabei Geborgenheit und Wärme, interdisziplinäre und psychologische Betreuung.
Mädchen werden noch nicht unterrichtet – das soll sich aber ändern, ein „Haus der Hoffnung", ein Kindergarten für Mädchen, wird eröffnet werden.
Die Schule ist in Jordanien anerkannt und hoch angesehen.
Die neueste Errungenschaft der Schule ist ihr erlebnispädagogischer Hochseilgarten.

Beeindruckend ist beim Gespräch das interreligiöse Konzept Al Munaizels, seine Friedenspädagogik.
Christen und Muslime leben in der Schule gemeinsam, respektieren einander und begehen die jeweiligen Feste miteinander. So wird z. B. im Ramadan die Küche für alle Schüler umgestellt, egal ob sie Muslime oder Christen sind.

„Es gibt einen einzigen Gott."
So einfach formuliert Al Munaizel seine Theologie.
„Wir müssen uns kritisch mit unserem eigenen Glauben auseinandersetzen, das Verbindende unserer beiden abrahamitischen Religionen sehen und zugleich respektvoll mit allem Trennenden umgehen."
„Missionierung ist fatal. Wir missionieren nicht."
„Es geht darum, Menschen in ihrem Glauben an Gott zu bestärken."
„Es geht um Respekt."
Und im Erleben seiner Persönlichkeit wirkt das sehr überzeugend.

Ein Rundgang schloss sich an diesen ersten Gedankenaustausch in der Kirche an. Und hier – unterwegs auf dem Schulgelände, in der Begegnung mit den Schülern – zeigte sich Musa Al Munaizel einmal mehr als visionärer und zugewandter Pädagoge:
im Gespräch mit Volontär Christian, beim Besuch einer Wohngruppe von Kindergartenkindern und Erstklässern, beim abschließenden Gespräch bei Kaffee und Keksen im Speisesaal.

Hier erzählt er von seinem Werdegang: Geboren und aufgewachsen ist er in einem christlichen Dorf in Jordanien, mit 18 Jahren hat er als Erzieher in der Schneller-Schule gearbeitet und später in Würzburg studiert. Dort war er an der Universität als Lehrbeauftragter für das Thema „Interkultureller Vergleich in der Pädagogik" tätig. Seit sechs Jahren lebt er mit seiner Frau und seinen Töchtern in Amman und ist pädagogischer Berater an der Schneller-Schule mit dem Schwerpunkt Friedensarbeit.
Und das mit Charisma, Energie und Leidenschaft!

Oben: Im Schulhof der Theodor-Schneller-Schule

Unten: Die Wochenzählung in den Klassen beginnt mit dem Samstag als ersten Tag der Woche

Donnerstag, 18. Februar 2010

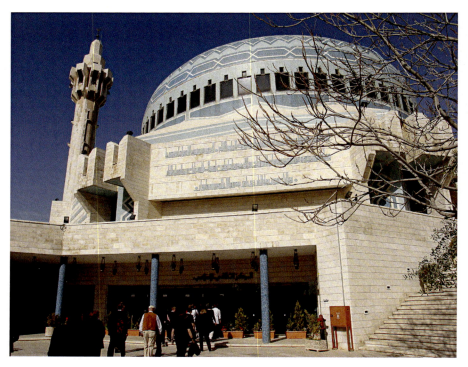

In der König Abdallah-Moschee zu Amman

Empfang bei seiner Königlichen Hoheit Prinz El Hassan Bin Talal in der König Abdullah-Moschee

Thomas Grieshammer
Seine Königliche Hoheit Prinz El Hassan Bin Talal

Am 18.02.2010 sind wir zu Besuch bei seiner Königlichen Hoheit Prinz El Hassan Bin Talal in der König Abdullah-Moschee zu Amman. Diese Moschee wurde 1989 unter dem König Hussein I. zu Ehren seines Großvaters Abdallah ibn Hussain auf dem Hügel Jebel al-Weibdeh im Westen Ammans erbaut.

Wir finden uns zu einem Vorgespräch gegen 10 Uhr in dem Audienzraum der Moschee ein und werden von einem hohen Staatsbeamten über die Verdienste des Jordanischen Staates für die Heiligen Städten in Jerusalem unterrichtet.

Uns wird erklärt, dass das Jordanische Königshaus die Verantwortung für die Heiligen Stätten in Jerusalem und ihre Beschäftigten trage. Es lege weiterhin Wert darauf, dass diese von den Pilgern ungehindert besucht werden können. Seit diesem Winter sei es für die Pilger aus Jordanien zwar einfacher geworden, den Tempelberg in Jerusalem zu besuchen. Es bleibe jedoch psychologisch schwierig, mit einem Visum in die eigene Heimat einreisen zu müssen, um die Al-Aqsa-Moschee und den Felsendom zu besuchen. Auch sei die Situation in Ost-Jerusalem nun schwieriger geworden, da die Bewohner isoliert sind, weil sie wirtschaftlich und kulturell von ihren eigenen Leuten abgeschnitten wurden. Die Politik ist im Augenblick auch ins Stocken geraten und es scheint nichts vorwärts zu gehen. Aus diesem Grunde verlassen auch viele gebildete Menschen Ost-Jerusalem und Palästina.

Professor Fehmi Jadaane präzisiert:
Das Jordanische Königshaus setzt sich für den Dialog ein. Dies zeigt sich insbesondere im Aufbau eines Instituts für vergleichende Religionswissenschaften. Dieses „Royal Institute for Inter-Faith Studies" in Amman gibt auch eine Zeitschrift heraus, von der bisher zehn Ausgaben erschienen sind. Das Hauptaugenmerk dieser Einrichtung gilt zuerst den christlichen Gemeinschaften in der arabischen Welt. Ziel ist es, diese genauer kennen zu lernen, sich gegenseitig wahrnehmen und schließlich Brücken zwischen den drei großen Offenbarungsreligionen zu bauen. Am Anfang standen dabei viele Begegnungen zu den drei Offenbarungsreligionen.

Es ging hierbei um einen Austausch vor allem auf der kulturellen und der theologischen Ebene. Dabei wurde deutlich, dass die theologischen Probleme zwischen der christlichen und der islamischen Glaubenswelt insbesondere in dem Offenbarungsverständnis und dem Gottesbild dieser beiden Religionen liegt.

„Wir wissen genau, dass es im Islam einige zentrale Glaubensfragen gibt, die dem christlichen Glauben widersprechen. Ich habe mich von Augustin an in diese Problematik eingearbeitet. Ich sehe aber keine grundsätzlichen Probleme der Verständigung zwischen beiden Religionen.
Es ist auch im Sinne unseres Königs, für ein gutes Zusammenleben in der Gesellschaft zu sorgen und die theologischen Schwierigkeiten nicht zu hoch zu hängen. Jordanien ist und bleibt bemüht, für ein harmonisches Miteinander in der Gesellschaft zu sorgen. Wir wollen in unserem Staat beispielhaft zeigen, dass Christen und Muslimen einträchtig miteinander in einer Gesellschaft leben können."

Nach dieser kurzen Einführung verlassen wir den Audienzraum, um die Ankunft Seiner Königlichen Hoheit Prinz El Hassan Bin Talal zu erleben. Er trifft um 11 Uhr ein.

Nun erleben wir einen sehr beeindruckende spirituelle Persönlichkeit, die uns etwas von dem erahnen lässt, was bei uns seit hundert Jahren nur noch in den Geschichtsbüchern nachzulesen ist: das landesherrliche Kirchenregiment. So wie der katholische König in Bayern zugleich auch das Kirchenregiment in der Evangelisch-Lutherischen Landeskirche ausübte, so scheint sich in ähnlicher Weise Prinz El Hassan Bin Talal als ein Beschützer der Religionen in Jordanien zu verstehen, der diesen Wertschätzung entgegenbringt und sie als zentrale moralische Stütze im Lande versteht.

Diesen Weg geht er nicht theoretisch, sondern praktisch. Er nimmt uns daher mit auf seinen Weg. Er lädt uns ein, die Abdallah-Moschee mit ihm zu besuchen. Dort verweilt er eine Zeit lang im Gebet.

Prinz El Hassan Bin Talal legt uns seine religiöse Wurzeln offen, die maßgeblich sind für einen Dialog zwischen den Religionen: Ausgangspunkt ist immer die eigene spirituelle Überzeugung.

Der Ortswechsel nach dem Gebet hinüber zum Audienzraum markiert auch den Kommunikationswechsel. Es geht nun nicht mehr um spirituelle Erfahrung, sondern um theologischen Gedankenaustausch in einer Atmosphäre liebenswerter orientalischer Gastfreundschaft.

Im Kommunikationszentrum der Moschee werden wir bewirtet. Es wird spürbar, dass es unserem Gastgeber um einen Dialog in Augenhöhe und gegenseitiger würdevoller Achtung geht.

Prinz El Hassan Bin Talal beginnt aus seinem Leben zu erzählen.
Er setzt ein mit der tragischen Erfahrung, die sein Leben geprägt hat. Er erzählt wie er als Kind miterleben musste, dass Abdallah, der Staatsgründer Jordaniens auf dem Tempelberg erschossen wurde. Dieses Erlebnis verbitterte ihn allerdings nicht, sondern motivierte ihn zum Dialog.

Er schlägt den Bogen weiter zu den Verträgen von Versailles, in denen es ein Konzept für ein friedliches Zusammenlebens der Religionen in Palästina gab, bis hin zu einer Begegnung mit Edward Kessler, dem jüdischen Mitbegründer des „Woolf Institute of Abrahamic Faiths" der Universität Cambridge vor wenigen Monaten.

Er erzählt vom jüdisch-arabischen Dialog im Zusammenhang mit der Entgegennahme des jüdischen Abraham-Geiger-Preises am 4. März 2008 in Berlin und von einem Vortrag, den er in jenen Tagen seines Besuches der Şehitlik Moschee in Berlin hielt. Es war wichtig, betonte er, dass wir im Anschluss alle im Restaurant miteinander aßen und uns so begegnen konnten.

Nachdem er die Sozialeinrichtungen der dortigen Moschee würdigte, leitete er über zu den Christen im Heiligen Land. Besonders hob er hervor, dass die wesentlichen sozialen Einrichtungen dort von westlichen Christen gegründet wurden.

Am Ende seiner Rede blickt Prinz El Hassan Bin Talal in die Zukunft. Danach mahnt er zu einem neuen Denken. Wörtlich meint er: „Wir haben eine Seidenstraße, die früher den Handel verschiedenster Kulturen verband. Wir haben keinen Weg der Ideen, um der Welt Frieden durch Sicherheit und Wohlstand zu bringen." Er bemängelt, dass sich die Wirtschaft nur auf Waren und Immobilien beschränkt, aber die sozialen Fragen nicht in den Blick bekommt. Nur wenn wir die Armut bekämpfen, werden wir den Terrorismus und die Polarisierungen in der Welt eindämmen können. Er verweist dabei auf die Studie Cost of Conflict in the Middle East.

Diesem kulturellen Defizit in der modernen globalisierten Welt könnten seiner Meinung nach religiöse Einrichtungen entgegenwirken. Er muss in diesem Zusammenhang jedoch beklagen, dass jene religiösen Stätten in der Region, die für spirituelles Leben verantwortlich sind, etwa die christlichen Klöster, heute oft verwaist sind, denn viele Christen sind auf Grund der politischen Lage ausgewandert. Um die besondere Rolle der Religionen in der gesellschaftlichen Zielfindung herauszuarbeiten, sollte auch für die Heiligen Stätten in Jerusalem ein Sonderstatus erreicht werden, damit ein weiterer Auszug der Christen und ihrer besonderen Spiritualität entgegengewirkt wird.

Wir müssen Mauern begegnen, besonders jenen, die in den Köpfen bestehen und sich in religiösen Vorurteilen zeigen. Dem kann nur ein ernsthafter Dialog entgegenwirken, der auf Augenhöhe geschieht und bei dem Titel zweitrangig sind. Während des Lebens des Propheten gingen Muslime und Christen gemeinsam in die gleichen Kirchen und beteten zusammen.

Im Namen der Gruppe bedankt sich Stadtdekan Michael Bammessel herzlich.

Es schließt sich nun eine Fragerunde an:

Hierbei bekräftigt Prinz El Hassan Bin Talal nochmals folgende Grundüberzeugungen:

Ich hoffe, dass ein Dialog zwischen den religiösen Führern in Gang kommt, bei dem wir uns in die Augen schauen können und uns auf Augenhöhe begegnen und die unterschiedlichen Standpunkte austauschen können. Und hier erlebe er besonders unter Studenten in Europa viele Hoffnungszeichen.

Im Bezug insbesondere auf die römisch-katholische Kirche meint er:

Es ist wichtig, eine gemeinsame Ethik mit gemeinsamen Werten ohne Synkretismus zu entwickeln und dabei an einem Tische sitzen. In solch einem Dialog sollte es keine Allianzen oder Zivilisationen im Plural geben, die gegeneinander streiten. Der Papstbesuch etwa, der auf Einzelgespräche mit einzelnen religiösen Gemeinschaften abzielte, arbeitete zu sehr nach dem Prinzip divide et impera. Was wir aber brauchen, ist echte Konversation zwischen allen auf Augenhöhe.

Bei diesen Gesprächen sollten wir danach streben, einen gemeinsamen Standard für alle zu finden. Die Würde des Menschen – die Unversehrtheit –, der Respekt vor dem eigenen und dem fremden religiösen Hintergrund sollten dabei Leitlinien sein. Um diese gemeinsamen Werte zu entwickeln, brauchen wir zuerst eine analytische Konkordanz bestehender Werte und Standards in den unterschiedlichen religiösen Überzeugungen.

Das Ergebnis dieser Bemühungen sollte nicht in der Säkularisation, sondern Zivilisierung der Gesellschaft liegen. Der erste Begriff führt nur zu Missverständnissen. Genau genommen wurden die Globalisierung und Säkularisation zu einer eigenen Religion, die diese Wurzeln vergisst. Wir müssen diese gemeinsamen noachidischen und abrahamitischen Wurzeln pflegen, die die Politiker im Augenblick nicht akzeptieren. Darum brauchen wir auch ein Konzept, wie wir die Heiligen Stätten miteinander teilen. Es gibt bisher nur wunderbare Bücher darüber, die aber bisher zu keiner Lösung führten.

Eine weitere Frage zu den Menschenrechten machte das bisherige Engagement Seiner Königlichen Hoheit in dieser Frage deutlich.

Im anschließenden Gespräch mit den Mitarbeitenden erlebten wir durch die Äußerungen der anwesenden Minister und die weiblichen Mitarbeiterinnen, die in der Mehrzahl Christen sind, dass sie sich als Christen in einem moslemischen Staat heimisch fühlen und geschützt wissen.

Nach diesem Gespräch führte uns Seine Königliche Hoheit über die Straße hinüber in die koptisch-orthodoxe Kirche, wo wir gemeinsam vom koptischen Patriarchen empfangen wurden. Auf der Kirchentreppe entstand im Anschluss ein Gruppenbild mit Prinz und Patriarch (Bild rechts).

Insgesamt war es eine eindruckvolle Begegnung auf Augenhöhe, die mir deutlich machte, dass Frieden, insbesondere religiöser Frieden nur wachsen kann, wenn:

- wir unsere eigenen Wurzeln pflegen und fremde spirituelle Wurzeln achten
- wir uns aufmachen und uns gegenseitig besuchen und im spirituellen Vollzug wahrnehmen
- wir gemeinsam in einen Dialog auf Augenhöhe eintreten
- wir gemeinsam neue Wege suchen im wechselseitigen Respekt gerade der Andersartigkeit.

An der koptisch-orthodoxen Kirche zu Amman,

Donnerstag, 18. Februar 2010

Oben: Die Lutherische Kirche in Amman
Unten: Pfarrer Samar Azar

Bastian und Dirk Wessel

Lutheran Church of the Good Shepherd in Amman

Verglichen mit anderen Kirchen im Nahen Osten ist die Geschichte der Evangelisch-Lutherischen Kirche in Jordanien und dem Heiligen Land (ELCJHL) ziemlich kurz.
Die ELCJHL führt seinen Ursprung auf die Mitte des 19. Jahrhunderts zurück, als deutsche und englische evangelische Christen nach Palästina kamen, um die christliche Minderheit in der Region in deren diakonischer Arbeit und Mission zu unterstützen.
Es waren vielfältige Aktivitäten, die von unterschiedlichen Organisationen und Institutionen geleitet wurden.
Der Beginn der lutherischen Missionsbemühungen liegt im Jahre 1841 in dem gemeinsamen britischen, preußischen und anglikanischen Evangelischen Bistum mit Sitz in Jerusalem.
Im Jahre 1851 wurde Theodor Fliedner aus Kaiserswerth eingeladen. Durch die Aufnahme von vier Diakonissen konnte ein erstes Krankenhaus im Heiligen Land eröffnet werden. Vier Jahre später begann die berühmte Talitha Kumi Schule für Mädchen ihre Arbeit.
Es war damals die erste Schule für Mädchen im Land überhaupt und ermöglichte jungen Frauen eine ordentliche Ausbildung.
Zum Bildungszentrum Talitha Kumi in Beit Jala bei Bethlehem gehören heute ein Kindergarten, eine Schule von der ersten Klasse bis zur Hochschulreife, eine Hotelfachschule, ein Mädcheninternat und ein großes Gästehaus. Talitha Kumi ist aramäisch und bedeutet: „Mädchen, steh auf!" (Markusevangelium 5, 21 – 24). Dieses Jesuswort ist bis heute Name, Programm und Auftrag für die älteste evangelische Schule in Palästina. Seit dieser Zeit ist die friedliche Botschaft des Evangeliums die Leitlinie für Talitha Kumi. Das Bildungszentrum bietet bis zum heutigen Tag palästinensischen Mädchen und Jungen in einem konfliktgeladenen Umfeld einen sicheren Platz zum Lernen.

Bis 1886 arbeiteten Anglikaner und Lutheraner eng zusammen.
Aufgrund der politischen und theologischen Differenzen in Europa entstand auch im Heiligen Land eine Trennung.
Die Deutschen Lutheraner konzentrierten ihre Anstrengungen auf soziale Arbeit und Bildung.

Heute kümmert sich die ELCJHL um Bildung und um Fragen der Gesundheitsversorgung für Palästinenser unabhängig von ihrem Glauben. Wichtig ist dieser Kirche ein Angebot zu schaffen für die spirituellen Bedürfnisse der arabischen lutherischen Gemeinde.

Am 7. Mai 1959 wurde die ELCJHL offiziell als eigenständige religiöse Gemeinschaft mit einem königlichen Dekret von König Hussein anerkannt.
Seit dem 1. Januar 1998 ist Dr. Munib A. Younan Bischof dieser Kirche.
Zur ELCJHL gehört Jerusalem, Bethlehem, Beit Jala, Beit Sahour, Ramallah und Amman in Jordanien.

Ramallah und Amman wurden ursprünglich gegründet, um Flüchtlingen, die ihre Häuser und ihre Heimat aufgrund des israelisch-palästinensischen Konflikts verloren haben, eine geistliche Heimat zu geben.

Die ELCJHL sieht sich selbst als eine Kirche von Flüchtlingen.

Die ELCJHL ist seit 1974 Mitglied des Lutherischen Weltbundes. Ebenfalls engagiert sie sich im Middle East Council of Churches und ist aktiv in ökumenischen Fragen und in Fragen des interreligiösen Dialogs.

Die Evangelisch-Lutherische Kirche steht vor vielen Herausforderungen, insbesondere die Auswanderung von vielen palästinensischen Christen aus dem Heiligen Land erschüttert sie in ihren Grundfesten.
Die ELCJHL unterstützt das Bemühen der Palästinenser um Autonomie und die Schaffung einer eigenen Nation. Die Notwendigkeit einer besseren Bildung, eines besseren Zugangs zur Gesundheitsversorgung, verbesserte Beschäftigungschancen und eine größere Anerkennung in der internationalen Gemeinschaft sind weitere Schwerpunkte der kirchlichen Arbeit.
Die ELCJHL bleibt als deutlich christliche Präsenz im Heiligen Land.
Sie sieht sich selbst in einer Führungsrolle in den ökumenischen Gesprächen und möchte die spirituellen wie die sozialen Bedürfnisse der Menschen befriedigen.

Bischof Dr. Munib A. Younan, der seit dem 24. Juli 2010 als Präsident dem Lutherischen Weltbund vorsteht, ist der Auffassung, dass das Bewusstsein darüber, dass im Heiligen Land auch arabische Christen leben, unerlässlich für die Anerkennung und Autonomie Palästinas sein wird.

eine schöne kirche
hineingehen
sich setzen
hell und freundlich
begrüßt werden
aufpasser sitzen hinten
getarnt als reiseführer
ein lob der religiösen freiheit
wird ausgerufen
und gleich bestätigt
von hinten
ein lob auf den staat
auf die unendliche freiheit
auf das system
blicke der verständigung
fragen über die gemeinde
über die äußerlichkeiten
sie passen auf
sie hören jedes wort
die da hinten

Freitag, 19. Februar 2010

Berthild Sachs und Stefan Brandenburger
Unterwegs in Petra – eine Rundwanderung

Wer die Nabatäerstadt Petra mit Genuss erwandern will, braucht mehr als einen Tag. Eine knapp eintägige Wanderung, wie sie uns von Amman aus mit Hin- und Rückfahrt nur möglich war, muss notwendig Schwerpunkte setzen. Der Reiz Petras besteht darin, die in ihrer Architektur und Funktion so unterschiedlichen steinernen Zeugnisse der Vergangenheit in ihrer Einbettung in eine grandiose und immer noch urtümliche Gebirgslandschaft zu erwandern und zu entdecken. Die Dimensionen sind dabei nicht zu unterschätzen: Vom Eingang nach Petra nahe Parkplatz und Visitors Center im Südosten bis zur auf einer Felsterrasse im Nordwesten gelegenen imposanten Fassade von ed-Deir erstreckt sich die antike Stadt an die sechs Kilometer lang. Dazu kommen Höhenunterschiede vom Talkessel bis zu den Bergheiligtümern von bis zu 300 Metern, die sich jedoch vergleichsweise bequem auf antiken – und manchmal auch modern ausgebauten und besicherten – Treppenwegen überwinden lassen.

Vergleichsweise vertraut wirken dabei die im zentralen Talkessel sich ausbreitenden Reste der römisch-byzantinischen Innenstadt, zugleich – wenn man von einigen Befestigungsresten aus der Kreuzritterzeit absieht – die jüngsten Bauten der Stätte. Bisher ausgegraben sind ein Cardo maximus mit Repräsentationsbauten zu beiden Seiten, der eine dreiteilige Toranlage passiert und in ein spätnabatäisches Tempelareal hineinführt.

Gäbe es in Petra nur jenen antiken Stadtkern im Talkessel, es wäre eine Stätte unter vielen. Weltberühmt geworden ist Petra nicht als Stadt der Lebenden, sondern als Totenstadt, als riesige Nekropole, die bis heute viele ihrer Geheimnisse nicht preisgegeben hat. In fast allen Felswänden der sich vom Talkessel aus verzweigenden Seitentälern finden sich, manchmal vereinzelt, manchmal dicht an dicht die sauber aus dem Fels herausgearbeiteten Öffnungen der Felsengräber mit ihren vielfältigen und wunderbar ausgestalteten Fassaden. Und es berührt einen, mit wieviel Handwerkskunst und Mühe ein Nomadenvolk wie die Nabatäer, das im täglichen Leben nur das Zelt und keine bleibende Statt kennt, nun den Toten prächtige und oft genug palastartige Ruhestätten für die Ewigkeit geschenkt hat.

Architektonisch und ästhetisch weit weniger spektakulär und viel schwerer ausfindig zu machen ist die dritte Gruppe der stummen steinernen Zeugen, die Petra in sich birgt und oft genug verbirgt. Es sind die auf fast allen Felskuppen und Berggipfeln befindlichen Höhenheiligtümer der Nabatäer. Viel mehr als das, was dort in den Stein gehauen ist, weiß man von der genuinen nabatäischen Religion nicht. Neben Votivnischen mit archaischen Götterdarstellungen (Betyle, vgl. aram. Beth-El = Haus Gottes!) und vereinzelten Stelen und Obelisken gehören häufig Felsaltäre, Schalen im Fels, Wasserbehälter und Wasserrinnen zur Ausstattung einer solchen Kultplatzes. Zuweilen finden sich in der Nähe auch Bi- und Triklinien für rituelle Opfermähler, soweit diese nicht – wahrscheinlich als Totengedenkmähler – in den manchmal zu den Gräbern gehörigen Felssälen abgehalten wurden.

Es lohnt sich nun, einen Rundgang durch Petra so zu planen, dass er exemplarisch Eindrücke aller Gebäudetypen bietet und gleichzeitig die Gegensätze von Landschaft und Atmosphäre spüren lässt: hier stilles Seitental, dort weiter - und touristisch belebter – Talkessel; hier enge Schlucht, dort exponierte Bergkuppe; hier düsteres Zwielicht im Innern eines Grabtempels, dort gleißendes Licht eines schattenlosen Hochplateaus.

Für alle Besucher beginnt eine Erkundung Petras mit dem Durchwandern einer engen Felsklamm, des sogenannte Sik. Von der inzwischen zur Hotelstadt angewachsenen Siedlung Wadi Musa aus ist diese nicht durch Wasser, sondern durch einen Felsriss entstandene Schlucht der einzige Zugang in den Talkessel von Petra. Schon hier bekommt man einen ersten Eindruck von dem besonders schön und bunt in allen Rot-, Violett-, Braun – und Ockertönen marmorierten Petra-Sandstein, der sich an den manchmal nur wenige Meter voneinander entfernten, bis zu 70 Meter hohen Schluchtwänden auftürmt. Bereits hier beggnen auf beiden Seiten die ersten Grabdenkmäler, und zwar die sehr frühen, noch freistehenden Felswürfel der Blockgräber, bald aber auch die ersten in den Fels hineingehauenen Treppengräber sowie eine Reihe von Votivnischen mit Reliefdarstellungen. Je enger der Sik wird, umso mehr füllt er sich mit den Besucherströmen, mit Kutschen, Reitern und Kameltreibern, die auf den ersten Kilometern bereits ein gutes Geschäft wittern. Nach einer Biegung öffnet sich der Sik plötzlich zu einem kleinen Platz, der den Blick zur gegenüberliegenden Felswand freigibt. Und dort erstrahlt im rötlichen Licht der Vormittagssonne die für viele schönste Felsfassade Petras, Khazne Firaun, das sog. Schatzhaus. Zierlich gegliedert mit Säulen, Giebeln, Figuren und zentralem Tholos erinnert sie an das Portal einer Barockkirche, wären da nicht

die Figuren eines – welchen auch immer – Götterpantheons und der eindeutig sepulkrale Charakter der Innenräume mit ihren Sargnischen.
Weiter geht der Weg durch den sich nun wieder weitenden Sik, bis er sich ins Haupttal öffnet und zur Hauptstraße wird. Rechts und links tauchen immer mehr Grabfassaden in den Felswänden auf, deutlich unterscheidbar anhand ihrer zentralen Schmuckelemente in sogenannten Zinnengräber und Treppengräber. Überraschend dann linker Hand das Neben- und Ineinander von nabatäischer Nekropole und römisch-hellenistischer Metropole: Mitten hinein in eine Felswand voller einfacher Graböffnungen ist das mächtige Stufenhalbrund eines römischen Theaters hineingeschlagen. Über den obersten Zuschauerrängen dieses für immerhin 8.000 Personen ausgelegten Theaters klaffen angeschnittene Grabkammern. Wir verlassen dieses Zeugnis rücksichtslosen römischen Städtebaus und wenden uns noch vor dem Theater nach links einen verschlungenen und verwunschenen Treppenweg eine kleine Schlucht hinauf. Oben angekommen, markieren zwei noch gut erkennbare Obelisken den Weg zum Großen Opferplatz, wo sich mit etwas Suche und Phantasie noch verschiedene Altäre und Vorrichtungen für Libationsopfer identifizieren lassen. V.a. aber belohnt dieser erste kleine Aufstieg mit einem Blick in die südlichen und westlichen Berge Petras und mit weit mehr Stille und Ruhe als unten im Sik.
Ein gut ausgebauter Weg führt vom Großen Opferplatz westlich hinunter in ein stilles und abgeschiedenes, gartenähnliches Seitental, die östliche Farasa-Schlucht, in der sich einige der verwunschensten Gräber Petras befinden. Vorbei an einem eindrucksvollen Löwenrelief auf halber Höhe geht es hinunter zunächst zum Gartengrab und dann weiter zum sogenannten Statuengrab, zu dem auch, auf der gegenüberliegenden Seite, der herrliche Bunte Saal gehörte, in dem sich der Petra-Fels selbst heute noch trotz mancher Besucherspuren in besonders farbenprächtiger Marmorierung zeigt.
Während der Hauptweg nun aus diesem Seitental zurück ins Haupttal hin zur monumentalen Königswand führt, halten wir uns nach Nordwesten und folgen dem ausgetrockneten Bachlauf des Wadi el-Farasa, bis es ins Wadi es-Sugra mündet. Hinauf geht es querbeet in Richtung Felsen. Eine Beduinenfrau zeigt uns die Richtung, wo wir den im unteren Teil verschüt-

teten Treppenweg hinauf zum Umm el-Biyara finden. Die ersten 30 Meter geht es unwegsam eine Felsrinne hinauf. Dann beginnt ein vorzüglicher sauber angelegter Treppenweg aus schönstem Sandstein, der in einer guten halben Stunde auf das weitläufige Gipfelplateau führt. Der Blick von dort hinunter in den Talkessel, auf die römische Stadt und die dahinter liegende Felswand mit den imposanten Fassaden der Königsgräber ist an diesem klaren frühen Nachmittag atemberaubend, ebenso die Stille dort oben, wohin kein Geräusch aus dem Tal mehr dringt. Hier oben ist die Zeit stehen geblieben, und jene fast 600 Jahre zwischen dem letzten europäischen Petrapilger der Kreuzfahrerzeit im Jahr 1217 und der Wiederentdeckung Petras durch Johann Ludwig Burckhardt im August 1812 scheinen noch anzudauern. Wir überlassen uns dem Zauber dieses Ortes und verzichten auf die mühselige Suche nach Altarspuren und Felsinschriften inmitten der Wüste aus Steinblöcken. Ob die Mauerreste, die zu sehen sind, angeblich edomitisch sind oder doch nur von Schafhirten aufgetürmte Steine – hier oben, wo die Zeit bis auf die länger werdenden Nachmittagsschatten still zu stehen scheint, relativieren sich selbst diese drei Jahrtausende!

Doch genau die länger werdenden Schatten des noch kurzen Frühlingstags zwingen zum zügigen Abstieg auf gleichem Weg. Wieder unten im Wadi es-Sugra, folgen wir dem Hauptweg bis zum Westend der römischen City. Dort, wo inzwischen auch ein Brennpunkt der Touristenstadt entstanden ist, beginnt der breit ausgebaute Stufenweg hinauf nach Ed-Deir, dem einsamst und höchst gelegenen und zugleich gewaltigsten Felsmonument Petras. Der Anblick dieser in ihren Proportionen ebenso klar gegliederten wie kompakten Fassade in der Abendsonne entschädigt völlig für eventuelle Mühen des Aufstiegs. Erst wenn Menschen in der Türöffnung der Fassade stehen – oder auch einmal verbotenerweise von der Felswand aus das Runddach des Tholos besteigen – erkennt man die gewaltigen Dimensionen dieser Ansicht. Allein jener mittlere Dachaufbau von der Kante der oberen Kante des Obergeschosses bis zur Spitze der Urne misst 9 Meter; ein Mensch wirkt dort oben winzig wie eine Krähe auf dem Dach. Staunen lässt auch, dass die Zweckbestimmung dieses grandiosen Kunstwerks nicht zu klären ist. Für ein Grabmonument fehlen innen die Gräber oder Wandnischen. Der innere Felssaal ist kahl. Statuen in der Fassade fehlen.

Auch der Beduinenname „ed-Deir" (das Kloster) liefert keinen verwertbaren Hinweis. Der ebene Vorplatz vor der Fassade wurde jedoch für Kult- und Festakte genutzt, und in der Umgebung finden sich zahlreiche Kultnischen, Reliefs, Bi- und Triklinien und Inschriften, die zeigen, dass sich auch dort oben um die Zeitenwende eines der kultischen Zentren der Nabatäer Petras befand.

Auf dem Rückweg folgen wir nun der via sacra, dem Cardo maximus in umgekehrter Richtung durch die römische Stadt, genießen gutes römisches Pflaster unter den Füßen und begegnen Scharen von Kamel- und Eselstreibern auf ihrem Weg in den Feierabend. Noch einmal führt unser Weg einmal diagonal durch Petra. Wir streifen die Königswand links, Theater und Nekropole rechts. Khazne Firaun liegt längst im Schatten, und es ist, als schließe mit dem letzten Sonnenlicht auch der Sik für diesmal seine Pforten hinter uns. Wir kommen wieder, irgendwann. Denn ein Tag war wieder nicht genug für diesen Ort, an dem sich natürliche Schönheit, Menschenkunst und Schaffensfreude und Memento mori so beglückend verbinden.

Freitag, 19. Februar 2010

Stefan H. Brandenburger
Die Nabatäer – Ein fremdes und frommes Volk

Petra – das bedeutet heute, Orient und Hellenismus, Kunst und Natur, Romantik und Abenteuer, Beduinen und Touristen gleichzeitig erleben zu können. Trotz Staub, Sonne und ermüdend langen Wegen übt diese Stadt bis heute eine hohe Faszination aus.
Neben dem kunstgeschichtlichen Genuss von Qasr el Bint, Umm el-Biyara, Ed-Deir uva. ist da auch die Erfahrung einer anderen, längst untergegangenen Kultur – die der arabischen Nabatäer (nabatäisch „nabatu", dt. „die Leuchtenden"). Doch wer bewusst hinschaut und überdenkt, was man in Petra sieht und warum dort etwas gestaltet worden ist, entdeckt noch mehr: Wie sehr die Frömmigkeit den Charakter des Ortes geprägt hat. In und hinter den Denkmälern den Menschen zu begegnen, die in Petra gelebt und es gestaltet haben, ist das Entscheidende.

1. Geschichte der Nabatäer
Trotz der wirtschaftlichen und geographischen Bedeutung der Nabatäer ist die Geschichtsschreibung der Region eine schwierige Aufgabe. Obwohl es keinen nabatäischen Historiker gibt, ermöglichen verstreute Hinweise in der antiken Geschichtsschreibung, vor allem Diodorus Siculus, Strabon und Flavius Josephus, zusammen mit epigraphischen und archäologischen Funden eine Rekonstruktion des historischen Umfeldes.

1.1. Frühe Berichte über die Nabatäer
Der früheste literarische Hinweis auf die Nabatäer stammt aus dem Bericht des Hieronymus von Kardia, auf den sich der griechische Schriftsteller Diodorus Siculus (1. Jh. v. Chr.) in seiner „Historischen Bibliothek" (XIX, 94-100) stützt. Die Passage handelt von zwei Expeditionen nach Petra auf Befehl des Diadochen Antigonos I Monophtalmos (dt. „dem Einäugigen"; 323-301 v. Chr.), die Hieronymus als Augenzeuge begleitet. Die Nabatäer werden als „nicht viel mehr als 10.000" freiheitsliebende Nomaden beschrieben, die unter freiem Himmel leben und jede Bindung an einen Ort ablehnen. Die Aussaat von Getreide, das Setzen von Obstbäumen, das Trinken von Wein und der Bau von Häusern war bei Todesstrafe verboten. Ihre Kamele

und Schafe weiden in der Wüste, die ihnen im Fall eines feindlichen Angriffs auch als Rückzugsort dient. Die Nabatäer haben ein großes Wissen um die wenigen Wasserstellen und besitzen eine hohe Fertigkeit in der Anlage von Brunnen und verdeckten Zisternen. Ihr Wohlstand beruht aus dem Verkauf von Asphalt und dem Handel mit Weihrauch, Myrrhe und kostbaren Gewürzen von der arabischen Halbinsel. Das Zentrum der Nabatäer ist in Petra.

Die Zenon-Papyri (267 - 229 v. Chr.), Briefe eines hohen Beamten am Hof von Ptolemäus II (308 - 246 v. Chr.), berichten ebenfalls von der Anwesenheit nabatäischer Händler im Hauran im Jahr 259 v. Chr.

Gut 300 Jahre später vermittelt der Schriftsteller Strabon (63 v. Chr. - 19 n. Chr.) in seiner „Geographie" (XVI, 21.25-26) einen ganz anderen Eindruck von der Lebensweise der Nabatäer, widerspricht in fast allen Punkten der Darstellung des Diodorus/Hieronymus. Strabon bezieht sich auf den befreundeten Philosophen Athenodorus, der Petra um die Zeitenwende besucht hat. Er schildert Petra als Metropole mit einer hervorragenden Wasserversorgung, Gärten, aufwändig gebauten Steinhäusern. Das Besitzdenken ist ausgeprägt, eine Tendenz zum Prunk ist festzustellen. Beim König werden glanzvolle Feste gefeiert, mit bis zu elf Kelchen Wein.

In drei Jahrhunderten hatte die Lebensart und Kultur der Nabatäer eine rasante Entwicklung durchlaufen. Archäologische Ausgrabungen in Petras Stadtviertel Ez-Zantur lieferten Anhaltspunkte zu den Etappen dieser Entwicklung. Im Bereich der Colonadenstraße kamen bescheidene, ältere Konstruktionen (3.-2. Jh. v. Chr.) zum Vorschein, die auf eine provisorische Unterbringung der Bevölkerung in Zelten hinweist. Im 1. Jh. v. Chr. wurden diese Konstruktionen dann durch die ersten festen Häuser ersetzt.

1.2. Ursprünge

Sachliche und ethnographische Gründe sprechen für eine Kontinuität der Nabatäer. Die Zugehörigkeit zur arabischen Welt ist unbestritten, die Anfänge der Nabatäer liegen aber noch im Dunkeln. Allerdings gibt es zur Herkunft und zu früheren Bezeugungen zahlreiche Thesen: Für die einen stammen die Nabatäer aus dem Grenzland Mesopotamiens und dem Golf, für die anderen aus den kaum erforschten Regionen im Zentrum oder im Süden der Arabischen Halbinsel. Wieder andere erkennen eine Verbindung mit den alttestamentlichen Nebajot (vgl. 25,13: 1. Chronik 1, 29), auch wenn die Gleichsetzung von Nebajot („nbjt") und den Nabatäern („nbtu") aus philologischen Gründen abzulehnen ist. Die nächsten identifizieren die Nabatäer mit dem zwischen dem 6. und 4. Jh. v. Chr. zur Macht gelangten Stamm der Qedar-Araber (Jeremia 49, 28).

Die Nabatäer waren ein nomadisch lebender arabischer Stamm, der über die Teilnahme am Handel auf der sogenannten Weihrauchstraße von Südarabien bis zum Mittelmeer seit etwa Mitte des 4. Jh. v. Chr. in der Region zwischen Syrien und Palästina im Norden und dem südarabischen Minäerreich bis zum nordarabischen Dedan im Süden politisch und wirtschaftlich zur führenden Macht wurde. In späthellenistischer Zeit (frühestens im 3. Jh. v. Chr.) gelangten sie teilweise zur Sesshaftigkeit mit Stammessitz und Zentrum in Petra. So falsch die These einer israelitischen Landnahme als ein kriegerischer Einwanderungsprozess ist, so wenig darf man sich auch die Entwicklung der Nabatäer zur Vormacht im arabischen Raum und die Errichtung eines Nabatäerreichs als einen solchen Prozess vorstellen. Ihr Herrschaftsgebiet bestand weitgehend aus ariden und nicht oder wenig besiedelten Gebieten. Die Nabatäer setzten die hohen Gewinne aus dem florierenden Handel dafür ein, sich mit anderen Stämmen der Wüste zu verbünden, d.h. von Razzien freizukaufen, und ihre Herrschaftsgebiete und die Handelsroute durch Patrouillen und die Errichtung von Stützpunkten zusätzlich zu sichern. Der dabei entstandene Stämmebund war keine Konstante, sondern ein sich ständig veränderndes Beziehungsgeflecht. Während sich einerseits manche anderen arabischen Stämme neben den Nabatäern behaupten konnten, vermochten Führungsstärke und Prosperität der Nabatäer andererseits eine Integrationswirkung auszuüben, so dass Clans und Stämme mit den Nabatu verschmolzen. Deshalb wird man die Nabatu als einen Großstamm bezeichnen dürfen. Um die Nabatäer zu verstehen, muss man sich in eine strikt tribale Gesellschaft hineindenken. Die nomadische Lebensform war eine gewollte und gewählte und den Lebensbedingungen in ihren Lebensräumen angepasste Lebensweise.

1.3. Die Entstehung des Königtums
Im Laufe des 2. Jh. v. Chr. entwickelte sich in einem fließendem Übergang von beduinischer Stammesorganisation und Scheichtum ein monarchi-

sches Regime. So berichtet Strabon / Artemidor: „Petra wird stets von irgendeinem König aus der königlichen Familie regiert; und der König hat einen seinen Gefährten als Verwalter, der als ‚Bruder' bezeichnet wird. Das Reich wird außerordentlich gut regiert, …. Die Abkömmlinge der königlichen Familie regieren nicht nur als Könige, sondern bekleiden auch andere Ämter im Einklang mit ihrem Geburtsrecht, und Eigentum wird von allen Familienangehörigen besessen, obwohl der Älteste Herr über alle ist." D.h. gemäß der tribalen Grundordnung herrschte ein König über das Nabatäerreich, der bis zuletzt der gewählte und periodisch immer neu bestätigte primus inter pares der nabatäischen Nobilität gewesen ist. Die Regierungsgeschäfte oblagen einem Verwalter mit dem Titel „Bruder". Regional konnten Strategen militär- und zvilrechtlich die Interessen des Königs vertreten. Eine Aufteilung in Provinzen oder Strategien ist nicht erkennbar. Da die Nabatäer in ihrem eigenen Herrschaftsgebiet eine Minderheit waren, weisen die Regionen eigene Profile auf, die in der ethnischen Pluralität und regionalen Traditionen begründet sind. Man darf sich das Nabatäerreich nicht als nach westlichen Gesichtspunkten funktionierenden Staat vorstellen. Die Nabatäer waren ein Beduinenstamm, der genug Geld besaß, um nach außen einige Merkmale hellenistischer Staatlichkeit zu erwerben, ohne nach innen seinen Charakter als führender Stamm eines arabisches Stämmebundes zu verändern. „Herrschaft" war unter diesen Umständen mehr ein Gefüge persönlicher Loyalitäten als mit administrativen Machtmitteln durchsetzbar. Keine Quelle berichtet über innenpolitischen Widerstand, von sozialen Unruhen und Revolten oder militärischem Durchgreifen gegen die Zivilbevölkerung. Als erster König gilt Aretas I (um 169 v. Chr.), auf den sich eine in Elusa (im Negev) gefundenen Inschrift (1. Hälfte des 2. Jh. v. Chr.) bezieht: „A[re]tas, König der Nabatäer". Er ist wahrscheinlich derselbe, der im AT als „Tyrann (Alleinherrscher) der Araber" (2. Makkabäerbuch 5, 8) bezeichnet wird. In der Folgezeit übernehmen die nabatäischen Könige immer mehr die hellenistische Herrscherideologie, u.a.in der Annahme von Beinamen. So bezeichnet sich Aretas III (87 - 62 v. Chr.) selbst als „Philhellenos" (dt. Griechenfreund) und der letzte nabatäische König Rabel II (70 - 106 n. Chr.) lässt sich ganz im Sinne des ptolemäischen und seleukidischen Herrscherkults als Retter feiern und bezeichnet sich auf Münzen als der „der seinem Volk Leben und Erlösung brachte".

1.4. Außenpolitische Entwicklungslinien

Zu den Makkabäern unterhielten die Nabatäer gut nachbarliche Beziehungen, waren doch beide gezwungen, sich gegenüber den ehrgeizigen und unberechenbaren seleukidischen Herrschern abzugrenzen. So flieht der 167 v. Chr. amtierende jüdische Hohepriester Jason zu Aretas I nach Petra (1. Makkabäerbuch 5, 24 - 26) und Jonatan Makkabäus bittet die Nabatäer, für ihn Gepäckstücke aufzubewahren (vgl. 1. Makkabäerbuch 9, 35). Das Verhältnis zu den Hasmonäer ist eher durch Konflikte um einige Gebiete östlich des Jordan gekennzeichnet, die den Nabatäern den Zugang zum Mittelmeer ermöglichten. So erobert Alexander Jannäus (103 - 76 v. Chr.) z. B. Gaza, den wichtigsten Seehafen des nabatäischen Karawanenhandels. Unter Aretas III erreicht das Nabatäerreich seine größte Ausdehnung nach Norden. In dieser Zeit galten die Nabatäer wohl als die sicherste Ordnungsmacht in der Region. Darauf weist die Bitte damaszenischer Kaufleute im Jahr 84 v. Chr. hin, sie vor ituräischen Banden, die ihre Karawanen bedrohen, zu beschützen.

Mit dem Eingreifen Roms änderte sich das politische Kräftespiel im Nahen Osten grundlegend. Wegen der Einmischung in die innerhasmonäischen Streitigkeiten um die Nachfolge von Alexander Jannäus wurden auch die Nabatäer von den Römern 62 v. Chr. unterworfen. Von nun gehörten sie zum römischen Einflussbereich, konnten aber ihre Monarchie als Klientelkönigtum bewahren.

Der Zeitraum zwischen 75 v. Chr. und etwa 25 n. Chr. war eine Phase der politischen Intrigen und militärischen Interventionen. Herodianer und Nabatäer kämpften um die politische und wirtschaftliche Vormachtstellung in der Region. So unterstützten die Nabatäer arabische Aufstände in den Gebieten des Herodes und verklagten Herodes in Rom, obwohl es z.T. enge Beziehungen zwischen der Familie des Herodes und den Nabatäern gab: Herodes selbst war Sohn der Nabatäerin Doris; seine Schwester Salome hätte gerne den nabatäischen „Bruder" Syllaios geheiratet, ein Wunsch, der scheiterte, weil dieser nicht zum Judentum konvertieren wollte (Jos., Bell. 2,6-70.76; 3,68; 5,551.556). Sein Sohn Herodes Antipas heiratete eine nabatäische Königstocher, was wegen der Untreue des Tetrarchen am Ende zu einem politischen Konflikt führte (Josephus, Ant. 16, 220 - 226. 322; 17, 10. 54). Trotz aller Konflikte erlebte das nabatäische Reich gerade

in dieser Zeit, im Jh. v. Chr. und n. Chr., seine wirtschaftliche und kulturelle Blüte, in die auch eine zunehmende Urbanisierung fiel. Einige der großen, heute noch zu bewundernden Bauprojekte in Petra wurden unter König Obodas III (30 v. Chr. - 9 n. Chr.) begonnen und während der Herrschaft des Königs Aretas IV (9 v. Chr. - 40 n. Chr.) vollendet. Dieser ließ auch entlang der nabatäischen Handelsrouten Stützpunkte zu Städten ausbauen.
In der Zeit des letzten Nabatäerkönigs Rabel II (70 - 106 n. Chr.) geriet der nabatäische Karawanenhandel durch die Nutzung neuer Seewege nach Ägypten in Schwierigkeiten. Die Entdeckung der Monsunwinde ermöglichte eine direkte Seeverbindung zwischen Südarabien und den Häfen an der Westküste des Roten Meeres. Von dort gelangten die Waren nun in Karawanen bis zum Nil, von wo aus sie nach Alexandria verschifft wurden, dem wichtigsten Umschlagplatz im Mittelmeerraum. Diese neue Handelsroute bedeutete einen schweren Schlag für die Nabatäer, deren gesamter Wohlstand auf dem transarabischen Karawanenhandel beruhte und die die letzten Stationen von Hegra nach Petra kontrollierten. Die Nabatäer wandten sich in dieser Zeit - wohl als Ausgleich für diese Verluste - der landwirtschaften Nutzung ihrer fruchtbareren Gebieten, z.B. im Hauran, zu.

1.5. Die Nabatäer unter römischer Herrschaft

Nach dem Tod von König Rabel II setzte Kaiser Trajan 106 n. Chr. dem Nabatäerreich durch Okkupation – wohl ohne großes Blutvergießen - und Umwandlung in die Provincia Arabia ein Ende. Aus der Perspektive Roms war diese Annexion Teil eines übergreifenden Plans, der sowohl die Feldzüge gegen die Parther als auch die kontinuierliche Vorherrschaft Roms über die Handelsrouten im Blick hatte. Übrigens behielten die mit den Nabatäern geschlossenen Handelsverträge unter dem neuen römischen Gesetz weiterhin ihre Gültigkeit.
Im Verlauf der Zeit unter römischer Herrschaft wechselte das Schicksal der Provinz mit dem Geschick der jeweiligen Kaiser. Während der Herrschaft Trajans (98 - 117 n. Chr.) und Hadrians (117 - 138 n. Chr.) wurden die beiden großen Städte Petra und Bosra ausgebaut. Bosra wurde Provinzhauptstadt und Petra diente als Verwaltungsmetropole im Süden. Gleichzeitig entstand die Via Nova Traiana, die von Syrien nach Bosra und weiter nach

Aqaba führte und die alte nabatäische Handelroute ersetzte, so dass die Nabatäer in der Folgezeit ihren wirtschaftlichen Einfluss verloren. Letztes Lebenszeichen der Nabatäer ist eine Inschrift aus dem Jahr 326 n.Chr.

2. Nabatäische Kultur
2.1. Nabatäische Sprache und Schrift
Im ältesten Zeugnis über die Nabatäer, dem Bericht des Hieronymus von Kardia/Diodorus aus dem Jahr 312 v. Chr. (s.o.), werden die Nabatäer als ein schriftkundiges Volk geschildert. So hätten sie einen Brief in „syrischer Sprache", d.h. in Reichsaramäisch, an Antigonus I Monopthalmos geschrieben. Seit dem 1. Jt. v. Chr. hatte das Reichsaramäische mit seinen 22 Konsonanten die schwer zu beherrschende Keilschrift als lingua franca abgelöst und war vom Perserkönig Darius I (522 - 486 v. Chr.) zur offiziellen Kanzleisprache in den achämenidischen Provinzen erklärt worden.

Die Nabatäer besaßen eine eigene Schrift, die als Monumentalschrift in Tempelinschriften und als Kursivschrift in Alltagsdokumenten (z.B. Graffiti, juristische Dokumente) erhalten ist. Die Fähigkeit zu schreiben bezog sich nicht allein auf eine ausgebildete Oberschicht. Wenigen offiziellen Inschriften steht eine Fülle privater Schriftdenkmäler gegenüber (z.B. Notizen auf Kamelknochen). Weiter setzte der internationale Handel als Haupterwerb der Nabatäer eine entsprechende Schriftlichkeit und Fertigkeit voraus. Das Fehlen von jeglicher Literatur mit Geschichten und Mythen zeigt an, dass die Nabatäer Literatur für nicht notwendig erachteten.

Das Nabatäische ist eine von mehreren bekannten Sprachen und Schriften, die sich aus dem Aramäischen entwickelt haben, darunter das Jüdische, die sogenannte Quadratschrift in Palästina, das Palmyrenische, das frühe Syrische und im südliche Mesopotamien das Mandäische. Stark beeinflusst wurde das Nabatäische durch eine Sprache, die mit dem klassischen Arabisch verwandt ist, wie Personennamen (z.B. Rabb'il, Malik) und nicht wenige Arabismen zeigen. Daraus folgt: Die Nabatäer sprachen und schrieben ein Aramäisch mit arabischem Dialekteinschlag.

Eine große Anzahl von Graffiti – sie sind meist kurz und bieten kaum mehr als einen mit Namen verbundenen Gruß – zeigt an, dass das Nabatäische auch noch nach dem Untergang der Nabatäer verwendet wurde, z.T. von anderen arabischen Gruppen der Region als lingua franca übernommen wurde. Die verwendete nabatäische Kursivschrift besitzt sehr große Ähnlichkeiten zu der kursiven arabischen Schrift der ältesten arabischen Papyri. Daher kann man mit großer Sicherheit behaupten: Die arabische Schrift hat ihren Ursprung in der nabatäischen Schrift. Das bedeutet allerdings nicht, dass ein anderer Einfluss, z.B. des Syrischen, auf die verschiedenen Formen der arabischen Schrift auszuschließen ist.

2.2. Nabatäische Töpferkunst

Ab dem 1. Jh. v. Chr. begannen die Nabatäer mit der Produktion eigener Keramik. Gebrannt wurden vor allem flache Schalen, Tassen, Becher, Krüge, Lampen und Unguentarien (Salb- und Parfümgefäße) mit zwiebelförmigem Bauch und schlankem Hals, in denen die südarabischen Duftstoffe nach Ägypten und in den Mittelmeerraum gelangten. Anfangs waren die Formen der hellenistischen Ware vergleichbar, in den Dessins zeigten die Nabatäer mit Blumen- und Blattmuster aber eine hohe Eigenständigkeit. Später zeichnete sich die nabatäische Keramik dadurch aus, dass sie metallisch hart ziegelrot gebrannt war und die Wände eierschalendünn waren. Typisch nabatäische Motive waren Blattranken und Zierlinien, Nadelmuster, Palmetten, „Augen" und Punkte, stilisierte Früchte und Pflanzen sowie geometrische Muster. Diese Motivgruppen gliederten sich in sieben Dekorschemata: In Zwei- und Drei-Felder-Ordnungen, in radiale konzentrische, wirbelartige und asymmetrische Kompositionen sowie Flächenmuster.

3. Die Religion der Nabatäer
3.1. Das Pantheon

Über Glauben und Kult der Nabatäer konnte die Forschung nur dürftiges Wissen sammeln. Die einzige ausgeprägte historische Quelle ist die Beschreibung des römischen Schriftstellers Strabon: „Sie beten die Sonne an, indem sie auf dem Dach des Hauses einen Altar errichten, auf welchem sie jeden Tag Trankopfer ausgießen und Weihrauch verbrennen." (Geogr. 16:4,26). Das Pantheon der Nabatäer setzte sich aus Gottheiten zusammen, die sie aus Arabien mitgebracht hatten und dann mit einheimischen Gottheiten verbanden. Die Götter waren zunächst bildlos und wurden in den

Erscheinungen der Natur erfahren. Sie lassen das Wasser vom Felsen rieseln, füllten Schluchten mit Wasser, schicken Blitze und Unwetter und beschützten Herden und Karawanen. Einige dieser Götter erfüllten so mehrere Funktionen oder trugen in verschiedenen Teilen des Nabatäerreichs unterschiedliche Namen, die oft lokalen Ursprungs waren. Durch den Einfluss der syrisch-hellenistischen Kultur und der römischen Oberhoheit seit Ende des 1. Jh. v.Chr. erfolgte bei den Gottheiten eine interpretatio graeca, d.h. ursprünglich nabatäischen Götter wurden nun mit den Göttern des griechisch-hellenistischen Pantheon identifiziert. In der Religion der Nabatäer existierten die Gottheiten ohne Hierarchie nebeneinander, wobei zwei oder drei von ihnen besondere Verehrung zuteil wurde.

Der Hauptgott war Dushara (griech. Dusares, dt. „der aus Shara"), der mit dem Höhenzug Shara zwischen Zentral-Edom und dem Golf von Aqaba identifiziert wurde. Dushara erfüllte zahlreiche Funktionen: Er war Schutzgott des Stammes und wurde später mit Zeus gleich gesetzt (Zeus Hadad und Zeus Baal Shamim). Als Gottheit der Vegetation und des Weinbaus wurde Dushara dem Dionysos gleich geachtet. Und als Hauptgott, der „zwischen Tag und Nacht trennt" wurde er wie der Sonnengott Helios mit Sonnenstrahlen und Fackeln dargestellt.

Hauptgöttin war Allat (dt. „die Göttin"), die als Gottheit der Fruchtbarkeit und Wiedergeburt der Natur verehrt wurde und mit Ähren im Haar dargestellt wird. Zudem ist sie Wächterin der Stadt Bosra im Hauran und wird identifiziert mit der Delphingöttin Atargartis, zu deren Kult u.a. auch die Kastration gehörte. Allat gilt aber auch als Gefährtin des Dushara und des Wettergottes Hadad.

Daneben wurden noch weitere Gottheiten an mehreren Orten verehrt. Z.B. Shai al-Quaum (dt. „Führer des Volkes"), der als Gott der Nomaden und Karawanen galt. Als Gott der Weissagung und Schreibkunst übernahm der Al-Kutba (dt. „der Schreiber") sowohl Eigenschaften und kultische Funktionen des assyro-babylonischen Gottes Nabu als auch des Hermes. Die Göttin Al-Uzza (dt. „die Mächtige") wurde im Allgemeinen mit Aphrodite und Venus, die Gottheit Manotu/Manat (dt. „die das Los bzw. Todesgeschick zuteilt") mit Tyche und Nemesis identifiziert. Als Fremdgottheit mit eigener Gestalt wurde Isis besonders in Petra als Göttin der Mysterienkulte verehrt.

3.2. Bildkunst

In den beiden nabatäischen Zentren Petra und Hegra dominierte eine anikonische Verehrungsform der Gottheiten in einem aufgestellten bildlosen Steinblock, der die Präsenz einer Gottheit verkörpert und auch der Namensbedeutung Betyle (vgl. „Beit El", dt. „Haus Gottes"; nabatäisch „nesib" oder „masseba") der Wohnsitz der Gottheit ist. Dieses Steinmal war behauen, in der Form hochrechteckig, meist in Omphalos- (Bienenkorb-) oder Stelenform (Pfeileridol). Es war oft direkt aus dem Fels gemeißelt oder wurde als separate Platten in die dafür vorgesehenen Vertiefungen auf Altären oder in flachen Felsnischen eingesetzt. Bei Prozessionen wurden Betyle auf einem Podium (motab) aufgestellt. Durch Berühren des Steins, durch Besprengen mit Blut und durch Aufstellen von Opfergaben trat man mit der Gottheit in direkten Kontakt. Das unter dem Namen Suda bekannte Lexikon des 10. Jhs. weiß noch über das Bild des Theusares (gemeint ist Dushara) zu berichten: „Das Bild (des Gottes) ist ein schwarzer Stein, viereckig, unbehauen, von vier Fuß Höhe und zwei Fuß Breite. Es steht auf einer aus Gold getriebenen Basis. Diesem opfern sie und vergießen das Blut der Opfertiere vor diesem (oder gegen diesen). Und dies ist ihre Art der Libation."
In jüngeren Orten und Heiligtümern der Nabatäer, die erst in augusteischer Zeit entlang den weitläufigen Handelsrouten entstanden, fasste die neue personifizierte Verehrungsform zuerst Fuß und man begann die Götter auch im Stil der griechisch-hellenistischen Ikonographie darzustellen. Allerdings verdrängte sie nicht die alt hergebrachte anikonische Verehrungsform, sondern ergänzte sie. Bei den anthropomorphen Bildtypen versuchten die Nabatäer möglichst von den Aspekten der eigenen Götter auszugehen. Die Übernahme von Namen und Bildern griechischer Götter ist aber nicht als eine Gleichsetzung im eigentlichen Sinne zu interpretieren. Es gab also keine synkretistische Assimilation der Nabatäer. Denn hinter der „Person" oder der „Bildmaske" der übernommenen Götter standen stets die nabatäischen Götter in der ihnen eigenen Funktionalität und Wirksamkeit. So ist es wohl kein Zufall, dass griechische Götterdarstellungen nur an den Fassaden der Tempel begegnen, aber nicht als Kultstatuen in den neu errichteten Tempeln (s.u.).
Nach dem Untergang der Nabatäer lebten nabatäische Götter und Kulte fort, insbesondere die des Dushara/Dusares und der All-Uzza/Venus bis ins

4. Jh. n. Chr. Unter den römischen Kaisern arabischer Herkunft erfuhren die alten arabisch-nabatäischen Kulte im 3. Jh. n. Chr. eine Renaissance, wie z.B. Actia Dusaria, die Festspiele zu Ehren des Dusares.

3.3. Kultstätten

Neben den einfachen Betylen, Idolnischen und Hausaltären (s. Strabon/Artemidor) errichteten die Nabatäer Kultplätze überall dort, wo sie sich den Göttern besonders nahe fühlten, bei Quellen, in Wasser führenden Schluchten, auf Berghöhen oder bestimmten Felsen. Die Anlagen der Kultplätze waren alle individuell angelegt und richteten sich stets nach den örtlichen Gegebenheiten. Vorschriften für die Errichtung von Kultstätten gab es wohl nicht. Allerdings lassen sich wiederkehrende Elemente benennen: Abtreppungen, Votivnischen, Betyle, Felsaltäre, Schalenvertiefungen, Wasserbecken und -rinnen, Bi- und Triklinien und mitunter auch Felskammern.

Über die Riten der Nabatäer geben die Quellen keine Auskunft. In Analogie zu vergleichbaren, besser dokumentierten Kultstätten und deren Riten lässt sich folgendes erschließen:

Die Wasserbecken und -rinnen enthielten wohl Weihwasser, das für die rituelle Reinigung der Gläubigen vor der Opferhandlung bestimmt war. Die Altäre dienten dem Räucher- und Schlachtopfer, aber auch der Darbringung von Milch, Korn, Öl und Speisen. Die Felsräume fungierten als Aufbewahrungsort von kultischen Gegenständen und besonderer Votivgaben.

Nach der Opferhandlung fanden unter freiem Himmel oder in Felshallen offenbar rituelle Mahlzeiten statt. Nach antiker und beduinischer Sitte speiste man im Liegen auf Bi- und Triklinien. Da sich die rituellen Speiseplätze oft in der Nachbarschaft oder im Verbund mit Grabkammern befanden, ist es möglich, dass dort auch Gedenkmahlzeiten im Rahmen des Totenkults stattfanden (s.u.).

Neben diesen Kultplätzen bauten die Nabatäer aber auch Steintempel, die in der Begegnung mit altorientalischen und griechisch-römischen Kulturen wie Kulten entstanden sein dürften. Die Tempel finden sich über das gesamte Reich verstreut. Es dürfte kein Zufall sein, dass sich die größten Heiligtümer in der Hauptstadt Petra befinden. Die große Vielfalt der Bauten lässt keine dominanten oder deutliche Typen erkennen. Allerdings lassen sich einige Tendenzen und Charakteristika erkennen: Auffällig ist ein freistehendes und in drei Räume geteiltes Adyton (dt. Kernbau), entweder als geschlossener Bau oder mit offener mittels Stützen gebildeter Baustruktur. Der Grundriss ist häufig in Form eines einem Quadrat eingeschriebenen Quadrates, wobei das innere Viereck das Adyton ist. Markant sind auch eine ambulatio (i.e. Pozessionsweg) und ein Vorhof mit Bänken.

3.4. Sepulkralkultur

Seit der Wiederentdeckung Petras im 19. Jh. standen die Grabanlagen mit ihren z.T. monumentalen Fassaden im Zentrum des Interesses. Während heute in der Forschung eine gewisse typologische Gruppierung der Monumente anerkannt ist, sind die Herkunft bestimmter Dekorationselemente sowie die Datierung und Bestimmung einiger Fassaden umstritten. Es lassen sich drei Hauptgruppen unterscheiden: 1. Zinnengräber mit ihren etwas nach hinten geneigten Fassaden, die sich mit zunehmender Höhe etwas schmaler werden. 2. Treppengräber zeigen einen reicheren Schmuck als die Zinnengräber. Halbsäulen flankieren die Fassade. Über einer Gesimszone mit einer abschließenden Hohlkehle in Form eines Viertelkreises steigen dekorative Stufen hinauf. 3. Die Giebelgräber sind prunkvoll ausgeführt, sind häufig zweigeschossig aufgebaut und werden von einem Giebel oder Bogen abgeschlossen. Vielfach sind sie mit Vollsäulen und Scheibenmetopen-Triglyphen-Friesen ausgeführt.

Generell wurden die Toten und daher auch ihre Ruhestätten mit Sorgfalt behandelt. Ihr Grab galt als „Wohnung" („byt") des Toten „für immer"(„„d ‚lm"), als „ewiges Haus" („byt' ‚lm'"). Dort rechnete man mit der Anwesenheit des Toten und konnte ihn auch besuchen. Betuchte Personen kümmerten sich schon zu Lebzeiten um die Errichtung einer würdigen Grabstätte und hielten auf Inschriften an der Grabfassade für jeden lesbar fest, wer in diesem Grab bestattet werden durfte („Dies ist das Grab, das X für sich selbst und Y errichtete"), z.T. wurden neben dem Auftraggeber die Namen der Berechtigten genannt wie Kinder, Familienzweige etc. Zuweilen wurde sogar festgelegt, wer in welcher Nische bestattet werden sollte. Ähnlich präzise sind teils juristisch als Verbote, teils religiös als Fluch formulierte Listen, die vor Verkauf, Verpachtung, Störung oder dem Bestatten unerwünschter Personen warnen und bei Missachtung hohe Buß-

gelder androhen. An den Inschriften lässt sich auch erkennen, welch ein Geflecht von sozialen, religiösen und rechtlichen Regeln und Tabus den Totenkult bei den Nabatäern umgab. Die Gräber, ihnen beigeordnete Räume und der Nahbereich der Bestattungsplätze waren zugleich kultische Anlagen, die nicht nur „Heimat" für den Toten, sondern auch Platz für Riten und Versammlungen boten. Sicherlich wurde der Tod eines Menschen bei den Nabatäern auch durch verschiedene Trauerrituale gerahmt, denn – wie in der Antike üblich – waren Tod, Trauer und Bestattung ein öffentliches Ereignis. Die wenigen ungestörten Gräber dokumentieren, dass die Nabatäer ihren Toten Gegenstände wie Lampen, Bronzeglöckchen, Unguentaria, Schmuck und wertvolle Gefäße mitgaben. Die Beigaben sind wohl nicht jenseitsorientiert mit Blick auf eine standesgemäße Existenz im Jenseits, sondern Zeugnis der Würde des Toten im Diesseits und Teil seines irdischen Lebens. Keiner der Gegenstände wurde nachweislich speziell für den Totenkult hergestellt. Den Toten ist offensichtlich ähnlich dem Charonsgroschen eine Münze in den Mund gelegt worden, um die Reise ins Totenreich zu ermöglichen. Wie man sich die Existenzform der Toten vorstellte, lässt sich wegen fehlender Textzeugnisse nicht mehr in Erfahrung bringen.
Wesentlicher Bestandteil des Totenkults nach der Bestattung waren Besuche an den Gräbern. Inschriften enthalten die Bitte, sich des Toten zu erinnern. Von zentraler Bedeutung waren Gemeinschaftsmähler, bei denen die Teilnehmer auf Bi- und Triklinien oder auf mitgebrachten Matten oder Decken in der Nähe des Verstorbenen liegend auf einem Arm gestützt die Mahlzeiten zu sich nahmen.

4. Spuren der Nabatäer im Neuen Testament
Obwohl die Nabatäer in der Region eine wirtschaftliche Vormachtstellung innehatten, kommen sie im Neuen Testament nicht an prominenter Stelle vor. Die Evangelien wissen nichts von ihnen zu berichten.
Das nabatäische Herrschaftsgebiet spielt aber in einer entscheidenden Lebensphase des Paulus unmittelbar nach seiner Lebenswende eine Rolle.
a. Die ersten Anfänge der missionarischen Verkündigung des Paulus außerhalb Israels, d.h. zugleich gegenüber Nichtjuden, führt ihn zu den Na-

batäern. Der erste und wichtigste Beleg findet sich im autobiographischen Bericht des Paulus in Gal 1,15-17: „Als es aber Gott gefiel … seinen Sohn mir zu offenbaren, damit ich ihn unter den Völkern verkündigte, da wandte ich mich nicht sofort an Fleisch und Blut um Rat, auch ging ich nicht nach Jerusalem hinauf zu denen, die vor mir Apostel waren, sondern ging weg nach Arabien und kehrte wieder nach Damaskus zurück. Darauf nach drei Jahren reiste ich nach Jerusalem hinauf, um Petrus kennen zu lernen." Die Reise „nach Arabien" in das Nabatäerreich, erfolgte also als erste Unternehmung des Paulus nach seiner Bekehrung, um dort als Einzelner die Botschaft von Jesus Christus zu verkündigen.

b. Ein zweiter Text legt nahe, dass Paulus sich in der „heilsgeschichtlichen Geographie" von Arabien, d.h. dem Nabatäerreich, auskannte. So heißt es in Galaterbrief 4, 6: „Das (Wort) Hagar aber deutet auf den Berg in Arabien hin." Paulus geht hier von einem Vergleich aus zwischen Isaak, dem legitimen Sohn Abrahams von seiner Ehefrau Sara, und Ismael, dem Sohn der Sklavin Hagar. Dabei verkörpert Hagar den Bundesschluss am Sinai, der zur Sklaverei unter dem Gesetz führt. In persischer und hellenistisch-frührömischer Zeit vermutete man den Berg Sinai nicht auf der nach ihm benannten Halbinsel, sondern im Bergland des nördlichen Hedscha, in dessen Nähe die zweitwichtigste Stadt der Nabatäer Hegra/Hagra lag. Die jüdische und arabische Überlieferung wiederum siedelten Abraham, Hagar und Ismael in dieser Gegend an. Dass Paulus um die mit Hegra verbundene Hagartradition wusste, könnte vielleicht auf den oben beschriebenen Aufenthalt des Paulus in Arabien beruhen (Galaterbrief 1, 17).

c. Ein dritter Text schildert, 2. Korintherbrief 11, 32, schildert eine biographische Episode aus der frühesten Zeit des Paulus. „In Damaskus bewachte der Ethnarch des Königs Aretas die Stadt der Damaszener, um mich zu verhaften. Aber durch ein Fenster wurde ich in einem Korb durch die Mauer hinab gelassen und entfloh seinen Händen." Die Nennung des Nabatäerkönigs Aretas IV bildet eine Verbindung der Vita Pauli mit der Weltgeschichte, ist es doch die einzige Nennung eines zeitgenössischen Machthabers in den Paulusbriefen. Da Aretas IV 40 n. Chr. starb, muss sich die Flucht des Paulus davor zugetragen haben.

Der Begriff „Ethnarch" deutet nicht auf einen militärischen Befehlshaber, sondern auf das Haupt einer ethnischen Gruppe hin. Man könnte hier eine

Art nabatäischen „Generalkonsul" vermuten, einen „Scheich", der die nabatäische Minderheit in der Stadt anführte. Übrigens berichtet auch Apostelgeschichte 9, 23 von der dramatischen Flucht des Paulus, macht aber die Nachstellungen der Juden dafür verantwortlich.

Literaturempfehlungen
Guzzo, M.G.A. / Schneider, E.E. Petra. München 1998.

Hübner, U. / Knauf, E.A. / Wenning, R. Nach Petra und ins Königreich der Nabatäer: Notizen von Reisegefährten. Für Manfred Lindner zum 80. Geburtstag. Bonner Biblische Beiträge 118. Bodenheim 1998.

Lindner, M. Petra und das Königreich der Nabatäer: Lebensraum, Geschichte und Kultur eines arabischen Volkes der Antike. München 1998.

Netzer, E. Nabatäische Architektur: Insbesondere Gräber und Tempel. Zaberns Bildbände zur Archäologie. Mainz 2003.

Scheck, F.R. Die Weihrauchstraße: Von Arabien nach Rom – Auf den Spuren antiker Weltkulturen. Köln o.J.

Taylor, J. Petra und das Versunkene Königreich der Nabatäer. Düsseldorf/Zürich 2002

Weber, T. / Wenning, R. (Hrsg.) Petra: Antike Felsstadt zwischen arabischer Tradition und griechischer Norm. München 1997.

Wenning, R. / Hübner, U. Die Nabatäer. Wissenschaftliche Buchgesellschaft. Darmstadt. Erscheint 2010.

Samstag, 20. Februar 2010

Oben: Sonnenuntergang über Petra kurz vor der Rückreise über Amman nach Tel Aviv
Unten: Abtei zur Heiligen Maria von der Auferstehung aus der Zeit der Kreuzfahrer - Emmaus / Abu Gosch

Erika Huschke
Von Amman nach Tel Aviv

Frühstück im Hotel Ambassador, morgens um sechs Uhr – das letzte Frühstück für einige Zeit mit frischen Tomaten und Gurken, mit Chummus und Schafsfrischkäse. Ich werde es vermissen. Andererseits: ein richtig schöner Filterkaffee am Morgen ... es gibt schon auch Dinge zuhause, auf die man sich wieder freut.
Viel Zeit zum Genießen bleibt an diesem Morgen nicht. Die Koffer müssen verschlossen werden (schnell noch nach dem Frühstück Zahnpasta und -bürste verstauen; im Handgepäck sollen sich ja keine Flaschen und Tuben befinden). Alle schaffen es, ihre Koffer rechtzeitig zur Verladung in unsere beiden Busse in der Hotelhalle abzustellen. Warum nur ist mein Koffer so schwer geworden? Wie viele Bücher waren das eigentlich, bei denen ich nicht widerstehen konnte?!
Wie gesagt, alle schaffen es pünktlich, die Busse können wie geplant losfahren. Und dann bricht doch noch Hektik aus. „Einige haben die Rechnung für die Minibar noch nicht bezahlt!" „Ach du liebe Zeit, der Saft im Kühlschrank war kein freundlicher Willkommenstrank?" „Und wer hat seinen Zimmerschlüssel nicht abgegeben?!"
An dieser Stelle ist es Zeit, uns allen einmal anerkennend auf die Schulter zu klopfen. Denn das muss hier gesagt sein: Wir waren doch alles in allem eine recht disziplinierte zuverlässige Gruppe. Und die kleinen menschlichen Unzulänglichkeiten, die hie und da eben mal passieren, wurden von unserer Reiseleitung und den anderen Teilnehmern stets mit Gelassenheit ertragen. Diese Haltung hat nicht unwesentlich zum allgemeinen Wohlgefühl beigetragen. Das haben wir gut hingekriegt!

Die Busse schaukeln uns durch das morgendliche Amman und schließlich wieder durch sandig-steinige Wüstenlandschaft Richtung Westen zur King-Hussein-Bridge, der Grenze nach Israel. Ein letztes Mal sind wir in Bus B unserem jordanischen Reiseführer Hannibal in die Hand gegeben. Er nutzt die Gelegenheit zu einer abschließenden Reflexion. So richtig glücklich war die Kommunikation zwischen ihm und uns nicht, das lässt sich nicht leugnen. Er hat sich schwer damit getan, eine Gruppe führen zu sollen, die durchaus eigene Vorstellungen davon hatte, was sie tun und lassen wollte. (Hannibal: „Die Gruppe ist jetzt in diesem Lokal, Sie können nicht einfach auf eigene Faust durch die Straßen und Läden gehen." – Das kam bei uns nicht so gut an.) Und noch schwieriger war es für ihn, mit Leuten unterwegs zu sein, die doch tatsächlich selbst das eine oder andere Mal etwas über den Islam gehört, das Mosaik in Madaba schon vorher mal bestaunt hatten oder alleine schon mal durch Petra gewandert waren und es sich nicht nehmen lassen wollten, davon auch zu berichten. Wir haben uns schwer damit getan zu verstehen, worin unsere jordanischen Reiseleiter eigentlich ihre Aufgabe sahen. Ging es denn nicht darum, auf unsere Bedürfnisse und Wünsche einzugehen und das möglichst zu realisieren, was doch wohl im Vorfeld bereits vereinbart worden war, also um eine bezahlte Dienstleistung? Wir haben uns schwer damit getan, den mehr und mehr aufkommenden Eindruck, hier fremdbestimmt zu werden, zu akzeptieren. Darüber also sinnt nun Hannibal auf der Rückfahrt nach. Er stellt sich ebenfalls die Frage, was denn eigentlich seine Aufgabe im Blick auf unsere Gruppe gewesen sei. Dass er unsere Erwartungen nicht erfüllt hat, hat er durchaus bemerkt. Und es hat den Anschein, dass ihn das persönlich trifft. Jetzt ist es für solche Überlegungen ein bisschen spät. Niemand im Bus verspürt die Neigung, das nun noch zu klären.

Auch ich sage nichts dazu. Aber meine Gedanken hängen dem noch eine Weile nach. Hätte es etwas genutzt, wenn wir mit noch größerer und nachdrücklicherer Klarheit unsere Bedürfnisse angemeldet und zurückgemeldet hätten, was uns stört? Möglicherweise hätten wir auch einigen Ausführungen Hannibals über Land und Leute im Allgemeinen und den Islam im Besonderen mit größerem Wohlwollen lauschen sollen. Auch wenn sich unsere eigenen Vorinformationen und Beobachtungen nicht immer mit dem deckten , was er sagte, hätte man seine Worte mehr als interessante Ergänzung betrachten können, als wir es getan haben. Was hat er uns vermittelt? Einige liebevoll erzählte religiöse Erzählungen oder Legenden. Einen Eindruck davon, wie sich das Königreich Jordanien „dem Westen" präsentieren möchte. Die Sichtweise über seine Religion, die Hannibal gerne westlichen Touristen mitgeben möchte. Natürlich war ihm sehr wichtig, uns deutlich zu machen, wie wenig der Islam notwendigerweise zu Terrorismus führt! Ist ja auch richtig. Und dies alles wahrzunehmen, ist dann doch auch wieder bereichernd. Wahrscheinlich denken mehr Mitglieder aus unserer Gruppe so. Hannibal hat uns aber eher wenig abgespürt, dass er auch Bereicherndes erzählt hat. Vielleicht war's ja auch sein Macho-Nim-

bus, der unserer Kommunikation im Wege stand.
Wie auch immer, wir haben die drei Tage in Jordanien trotzdem genossen und erreichen pünktlich und gut gelaunt die Grenze.

Das Prozedere, das nun kommt, kennen wir bereits: Koffer raus aus den Bussen, rein in die Grenzstation zum Durchleuchten und wieder zurück in die Busse. Unsere Reiseleitung erledigt derweil die schriftlichen Formalitäten mit der ihr eigenen Kompetenz und Erfahrung über die örtlichen Gepflogenheiten. So geht alles glatt und sehr schnell. Wir steigen ein letztes Mal in die beiden jordanischen Busse und überqueren den Jordan. Wie hatte es Bischof Chacour einige Tage zuvor in Nazareth formuliert? „Über den Jordan werden mehr Worte gemacht, als er Wasser führt." Wie Recht Chacour hat!
Ab jetzt heißt die Brücke, auf der wir dieses Rinnsal überqueren, Allenby-Bridge. Wir sind wieder in Israel; sofort erkennbar an den sehr jungen und überwiegend weiblichen Soldaten, die hier Dienst tun. Natürlich gibt es auch hier wieder Kontrollen; diesmal etwas gründlicher als auf der anderen Seite, aber freundlich, ruhig, ohne Probleme – bis auf einige Schrecksekunden:
Ein wichtiges und teueres Gerät war im jordanischen Bus vergessen worden. Der Bus aber fährt längst schon wieder zurück! Ein Schrei des Entsetzens aus dem Mund des Besitzers. Hektische Schritte, vielleicht kann man den Bus ja noch aufhalten… und sehr schnell sind die bewaffneten Grenzschützer sehr nervös! „Don't shout – I shoot!"
Die Situation lässt sich zum Glück rasch klären und man kann uns helfen. Hier im Grenzbereich bewegt sich auf mehreren Kilometern Breite vermutlich nicht einmal eine Wüstenmaus unregistriert. Um wieviel weniger ein Reisebus. Der ist also schnell geortet und zurückgerufen. Das Gerät landet wieder bei seinem Besitzer und unsere Reise kann weitergehen.

Salim, unser israelischer Busfahrer erwartet uns bereits. Gerne steigen wir bei ihm ein, alle zusammen nun wieder in einem Bus vereint. Bei unserer Ankunft vor zehn Tagen in Tel Aviv hatte unsere Reiseagentin Monika uns diesen Busfahrer als „den Besten" vorgestellt. Wir haben daran nie gezweifelt. Nun aber, nach dem Ausflug nach Jordanien sind wir seine Fans. Wir sind nicht lange mit Salim auf Israels Straßen unterwegs, da erweist sich ein weiteres Mal, welchen Schatz wir mit ihm haben. Unser Grenzübertritt ist so unerwartet schnell gegangen, dass nun Zeit zur Verfügung steht, die noch nicht verplant ist. Unnötig, jetzt schon den Flughafen anzusteuern – doch welches lohnende Ziel bietet sich auf dem Weg dorthin noch an? Salim hat eine wunderbare Idee: Abu Gosch.

In den judäischen Bergen ist Abu Gosch ein arabisches Dorf mit einer Jahrtausende alten Geschichte und seit jeher von Bedeutung, weil an einer der alten Wege von Jerusalem zur Küste gelegen. Im 12. Jahrhundert glaubten Kreuzfahrer (der heutige Malteserorden) dort den alten Ort Emmaus gefunden zu haben und erbauten hier eine Kirche. Die heutige „Abtei Heilige Maria von der Auferstehung Kreuzfahrer-Emmaus Abu Gosch" ist also nun unser letztes Ziel in Israel.

Zunächst gilt es, aus der tiefen Ebene um das Tote Meer durch die judäische Wüste hinauf nach Jerusalem zu gelangen. Sehr bald sind wir wieder in Zonen mit wunderbarer Vegetation. Der Frühling scheint in den drei Tagen unserer Abwesenheit endgültig Einzug gehalten zu haben. Von dem Augenblick an, da wir die Höhe von Jerusalem erklommen haben, fahren wir durch üppiges Grün, freuen uns an blühenden Bäumen, an roten Mohnblumen und gelben Ginsterbüschen am Straßenrand. Ein Traum von einem Land. Ich verstehe, warum es heißt, hier fließe Milch und Honig. – Und ich verstehe einmal mehr, was in den Rohren, die hier über alle Felder führen, fließt und warum der Jordan nur mehr als Rinnsal unten am Toten Meer ankommt. Das ist die Kehrseite dieser Pracht.

Am Stadtrand von Jerusalem sehen wir in verschiedenen Grünanlagen immer wieder Familien, die dort picknicken, Kinder die sich auf Schaukeln und Rutschen tummeln. So verbringt offenbar die durchschnittliche „säkulare" jüdische Familie ihren Sabbat.

Und dann Abu Gosch: Ein idyllischer Ort, eine kleine Klosteranlage in einem Palmengarten. Ein letztes Mal steigt Axel Töllner mit seiner Bibel auf einen Stein und liest uns vor. Diesmal natürlich die Emmausgeschichte Lukas 24, 13 - 32. Wir lassen die Eindrücke einfach auf uns wirken, steigen schließlich in die Krypta hinab, stimmen zuletzt noch einige Lieder in der Kirche an, bewundern dort die alten Fresken. Einige zieht es aber bald wieder aus der Kirche hinaus. Der Garten ist gar zu schön. Und vor dem Tor

steht ein Wagen mit Obst und einer Saftpresse. Die letzte Gelegenheit, noch einmal den wunderbaren frisch gepressten Granatapfelsaft zu trinken; einige von uns nutzen sie.
Später erfahren wir, dass es auch noch einen anderen Ort gibt, den andere Menschen für den biblischen Ort Emmaus halten. Salim fragt, ob er ihn uns zeigen soll. Wir aber sind sicher, das richtige Emmaus bereits gefunden zu haben und wollen mit diesem letzten Eindrücken nun endgültig die Heimreise antreten.

Pünktlich treffen wir in Tel Aviv ein. Der Flughafen ist sehr einladend. Man hält die Zeit zwischen Einchecken und Boarding gut aus und bringt die letzten übrig gebliebenen Schekel ohne Schwierigkeiten noch im Duty-free-Shop an. Um 15.15 Uhr ist Abflug.

Schalom, Israel!

Nächstes Jahr in Jerusalem!

Anhang:

Pfarrvikar Martin Brons

Antrittspredigt in der Erlöserkirche zu Jerusalem über 1. Korinther 13, 1–13

Gnade sei mit euch und Friede von Gott, unserm Vater, und dem Herrn Jesus Christus! Amen.
Liebe Gemeinde,
„Seht, wir gehen hinauf nach Jerusalem und es wird alles vollendet werden, was geschrieben ist durch die Propheten von dem Menschensohn" (Lukas 18, 31) – lautet der Wochenspruch für die neue Woche.
Und so ist es tatsächlich: mit dem Sonntag Estomihi richten wir unseren Blick neu aus:
- Einige von Ihnen haben es ja wortwörtlich nachvollzogen. Sind den Geschichten und Spuren in den letzten Tagen nachgegangen im Heiligen Land, bis Sie nun angekommen sind hier oben in Jerusalem; vielleicht vom Ölberg, bis in die Altstadt hinein: „Seht wir gehen hinauf nach Jerusalem…"
- Hier angekommen richtet sich unser Blick nun auf das, was geschehen wird: – Noch vor Beginn der Passionszeit weitet sich unser Blick und wir überschauen die nächsten Wochen, die vor uns liegen.
Es ist wie kurz vor der Wanderung: wenn man die Köpfe zusammensteckt über den Landkarten und die nächste Wegstrecke plant. Oder vor einer Reise, wenn der leere Koffer offen vor mir liegt und ich überlege, was ich für die Zeit der Reise wirklich brauche: Was ist notwendig? Was Luxus? Was lege ich zur Seite, weil es nicht mehr reinpasst oder nur unnötig belastet? Manche nehmen sich für die mit dem Aschermittwoch beginnende Passionszeit ganz konkrete Dinge vor, um die Zeit bis Ostern bewusster zu erleben und raus zu kommen aus dem Trott des Alltags. Die evangelische Fastenaktion kann dazu Orientierung geben: „Sieben Wochen ohne …"; jedes Jahr ein neues Motto. Dieses Jahr: „Sieben Wochen ohne Scheu".
Würde dieses Motto auch in unseren Koffer passen für den Weg durch die Passionszeit auf dem Weg nach Jerusalem? Und wie kann man das Motto „ohne Scheu" dann verstehen?

Viele Menschen feiern heute Valentinstag: Das Fest der Liebenden – bei dem alles für die Liebe gemacht wird. Immer mehr kleine Traditionen bilden sich um diesen Tag und sogar in Jerusalem, hier um die Ecke im Suq, haben sich manche Läden auf ihn eingestellt. Man könnte meinen, dass der Text des Predigtplans heuer ebenfalls daraufhin ausgewählt worden wäre: Das Hohe Lied der Liebe für diesen Sonntag – wir haben es als erste Lesung gehört!
In den höchsten Tönen schreibt Paulus von der Liebe; – eigentlich müsste man den Text singen, haben die Lektorin Frau Berghaus und ich einmütig festgestellt; aber du hast dich dann wohl doch nicht dazu erwärmen können…
Es ist ein durchkomponierter Hymnus, der nichts auslässt:
- Die Liebe im Vergleich:
Mit der Prophetie, mit aller Erkenntnis der Welt, mit Wahrheit, Glaube und Hoffnung. Vom ethischen Handeln bis hin zum Martyrium. Nichts zählt ohne die Liebe!
- Es ist ein Lied auf das Wesen der Liebe:
„langmütig und freundlich, nicht eifersüchtig usw. usf." bis hin zu den atemberaubenden Spitzenaussagen: „Sie erträgt alles, sie glaubt alles, sie hofft alles, sie duldet alles."
- Zuletzt:
Ein Lob auf die Unvergänglichkeit der Liebe: Alles was ist, muss vergehen – nur die Liebe bleibt bestehen!
Kein Wunder also, dass wir in Hoch-Zeiten der Liebesstimmung das Hohe Lied der Liebe als Paradetext zur Hand nehmen – kaum eine Trauung kommt inzwischen ohne es aus. Wie bei wenig anderen Texten der Bibel werden die Verse dann ganz unmittelbar und ganz schnell auf das Heute, Hier und Jetzt bezogen: Als Beschreibung der Liebe zwischen den Eheleuten erklingt das Hohe Lied der Liebe zuerst in der Kirche – und scheinbar später wieder beim Tanz zu fortgeschrittener Stunde mit dem Evergreen aus den 60er Jahren: „Marmor, Stein und Eisen bricht, aber unsre Liebe nicht"!
Auch der Valentinstag heute könnte zu diesem Kurzschluss verführen. Aber der Blick auf die vor uns liegenden Wochen ergibt doch eine ganz andere Konstellation, von der aus ein anderes Licht auf diesen Text fällt.

Natürlich habe ich bei den Trauansprachen, die ich bisher gehalten habe, von der Liebe zwischen den Eheleuten gesprochen, die sich diese Verse als Trauspruch ausgesucht hatten. – Paulus aber redet hier eigentlich nicht von zwei Menschen.

Und natürlich ist es eine lange theologische Tradition, für die Liebe in diesen Versen Christus selbst einzusetzen: Gottes Liebe, die sich in ihm offenbart, in Christi Weg „hinauf nach Jerusalem, wo sich alles vollenden wird, was geschrieben ist durch die Propheten von dem Menschensohn" (Lukas 18, 31).

Dann wären die Verse leicht misszuverstehen als ein moralischer Appell an uns, es ihm gleich zu tun: ‚langmütig, freundlich, nicht eifersüchtig zu sein, sich nicht aufzublähen, sich nicht erbittern zu lassen, bis hin zu dem Lämmlein, das alles erträgt, das alles glaubt, das alles hofft und alles duldet' (nach 1. Korintherbrief 13, 7). Staunend und bewundernd können wir vor dieser Liebe stehen bleiben. Aber es selber umsetzen? – das ist ein überfordernder Anspruch!

Merkwürdigerweise redet Paulus aber gar nicht von Christus. Nicht einmal von Gott! Er schreibt von DER Liebe schlechthin. Sie steht in den Versen absolut, hat weder Subjekt noch Objekt, ist ohne Bezugsgröße. Für Paulus ist sie zunächst ein Gottesgeschenk, das uns anvertraut wird. Wie eben all die unterschiedlichen Befähigungen – die Charismen, die jeder und jedem von uns persönlich anvertraut sind.

Was aber ist sie dann, diese Liebe, und wo erfahre ich sie?

Es hat seine Berechtigung, dass wir zunächst an die Liebe zwischen uns Menschen denken: Es ist ja nicht so, dass ich irgendwann einmal auf der Straße stand und mir dachte: heute möchte ich mich verlieben. Nein, sondern unsere gesamte Existenz wird mit einem Mal erfüllt von dem eigenartigen Gefühl, das einen ergreift, in Besitz nimmt und nicht mehr loslässt, wenn wir uns in einen anderen Menschen verlieben.

So ist es auch mit den Werken der Liebe: Es ist doch nicht so, dass der Verstand abwägt und sagt: „Jetzt ist es aus den und den Gründen mal wieder soweit ein paar rote Rosen zu kaufen" – womöglich, weil der Kalender den 14. Februar anzeigt. Das mag vorkommen, aber es ist doch eher absurd und schwerlich ein Werk der Liebe! Sondern wo die Liebe ist, da entspringt der Wille, auch nach ihr zu handeln – in und aus Liebe: Ohne die Liebe aber sind alle so genannten Gnadengaben mindestens zweideutig, wenn nicht gefährlich, meint Paulus!

Einzelne Christen in Korinth rühmten sich für ihre spektakulären Geistesgaben, wie die Zungenrede, oder sie waren stolz auf ihre prophetischen Gaben, oder beriefen sich auf Gaben der Erkenntnis. Wenn sie nicht aus Liebe geschehen, verfehlen sie ihr Ziel schreibt Paulus: Der Befähigte selbst rückt sich ins Zentrum oder übt Macht aus über andere.

Von hier aus fällt ein Lichtstrahl auf die Passions- und Fastenzeit: Manchmal begegnen einem Christen, die von ihren Fastenübungen erzählen und vielleicht sogar demonstrativ das Knäckebrot bei einem reichen Essen auspacken. Jede Begabung steht in der Gefahr die eigene Psyche aufzublähen, statt zu Gott zu führen. Dann fehlt ihr die Liebe gegenüber den anderen Menschen.

Doch es gibt noch eine andere Form der Liebe: Ein wohliges Gefühl, das uns überkommt, ohne dass es auf einen anderen Menschen bezogen wäre. Ein intensiver Moment auf Reisen vielleicht, wenn wir dafür empfänglich zu sein scheinen: ein Sonnenuntergang am See oder Meer; das Gefühl, das einen überkommt, wenn man glaubt eins und in Harmonie mit sich selbst und der Welt zu sein – die Welt umarmen zu können. Und kaum will man es begreifen, ist es schon wieder vorbei. Selten genug sind diese Momente.

Das alles kann in uns die Liebe wecken, von der Paulus hier redet. Gegenstandslos, ein Fest der Sinne und nicht bezogen auf einen anderen Menschen. Vielleicht haben wir es verlernt diese Momente als Erwachen der Liebe in uns zu verstehen, weil wir den Liebesbegriff vor allem auf die sexuelle Attraktion beziehen.

Paulus besingt diese Form der Liebe als die höchste Gnadengabe. Als eine echte Form der Gotteserfahrung. Sie führt direkt zu Gott, in die ewige Liebesbewegung zwischen Vater und Sohn; – Sie ist Gott, um es mit einem Spitzensatz der johanneischen Theologie auszudrücken (1 Joh 4,7ff.)! Die evangelischen Konfessionen haben sich von jeher nicht ganz leicht getan mit diesen Erfahrungen – unkonform mit dem solus Christus schienen sie ihnen; nicht recht fassbar oder zumindest ambivalent.

Wer von uns kann schon behaupten, den Heiligen Geist fassen zu können?! Trauen wir ihm etwa nicht zu, dass er diese Liebeserfahrungen in uns we-

cken kann?
Freilich, diese Erfahrungen sind nicht von Dauer, sondern bleiben fragmentarisch und die Ausnahme: Aber verweisen sie nicht gerade dadurch auf die Unvollkommenheit unseres Daseins und öffnen so einen Weg zur Hingabe an die Welt?
Es gibt Menschen, denen man diese Liebe abzuspüren scheint.
Die sie förmlich ausstrahlen. Die die Atmosphäre eines Raumes verändern, wenn sie ihn betreten.
Jeder von empfindet das anders und bei anderen Menschen. Begegnungen mit Menschen, die reich und satt sind – von Lebenserfahrungen. Ein Händedruck, der spüren lässt, dass dieser Mensch die Liebe Gottes erfahren hat – durch die schönen und durch die harten Momente des Lebens hindurch. Ein Blick, der sie versprühen vermag…
… und der uns anzustecken vermag!

„Sieben Wochen ohne Scheu!"
Lassen wir uns anstecken von dieser Liebe Gottes, und darauf vertrauen, dass sie sich bei uns, wie bei anderen Menschen wecken und fördern lässt! Oft genug liegt sie nur verborgen oder verschüttet in uns. Gehen wir mit ihr ohne Scheu in die Begegnungen der nächsten Wochen!
„Nun aber bleiben Glaube, Hoffnung, Liebe, diese drei; aber die Liebe ist die größte unter ihnen" (1 Kor 13,13).
Minus zwanzig Grad hatte es in Berlin, als meine Frau und ich uns vor etwas mehr als zwei Wochen nach Jerusalem aufmachten. Eine schneidende Kälte auf dem Flughafen, und alle Passagiere des Flugzeuges zogen die Krägen ihrer Mäntel und Jacken noch etwas höher, als sie den Weg aus den Bussen über das Rollfeld zu den Stufen in das Flugzeug nahmen.
Da trat ein junger Mann aus der Reihe – Typ: zukünftiger Volontär in Israel. Bekleidet nur mit Jeans, Chucks, T-Shirt, Sonnenbrille und Cap! Er muss bitterlich gefroren haben, ließ sich aber nichts anmerken. Und auf seinem weißen Shirt stand in großen schwarzen Lettern: „Glaube – Liebe – Hoffnung."
War das nun eine „echte", eine prophetische Zeichenhandlung, oder nur Ausdruck extremer Coolheit? Ich grübele bis heute, was er damit sagen wollte…: Die Vorfreude auf das warme Land, schon damals im eiskalten

Berlin? Platzgründe beim Packen? Oder eine sanfte Provokation? – wenn ja für wen und wofür?

Der letzte Satz des Paulus weitet noch einmal unseren Blick: Wir blicken nicht mehr nur über die etwas mehr als 40 Tage, die vor uns stehen bis Ostern. Sondern wir stehen gleichsam mit Mose vor dem Eintritt ins gelobte Land auf dem Berg Nebo: der Blick tut sich für einen Moment auf, – aber die Erfahrung selbst geschieht nicht in diesem Leben: Glaube – Hoffnung – Liebe bleiben, aber die Liebe ist die größte…
Unser Glaube ist vorläufig: Einst wird er überholt von Schauen!
Unsere Hoffnung ist vorläufig: Denn sie wird überholt von der Erfüllung!
Einzig die Liebe aber wird ewig bestehen bleiben in ihrer Vollendung:
Nicht mehr als einzelne Momente der Glücksgefühle und fragmentarisch, sondern für ewig in der Einheit des Vaters und des Sohnes und des Heiligen Geistes.
Amen.

Und „der Friede Gottes, welcher höher ist als alle Vernunft, bewahre eure Herzen und Sinne in Christus Jesus" (Philipperbrief 4, 4)! Amen.

Wochenspruch: „Seht, wir gehen hinauf nach Jerusalem, und es wird alles vollendet werden, was geschrieben ist durch die Propheten von dem Menschensohn" (Lk 18,31)

Eingangslied: EG 447,1-3.6.7 Lobet den Herren

Epistel: 1 Kor 13,1-13 (Meike Berghaus)

Wochenlied: EG 413,1-3.6 Ein wahrer Glaube Gotts Zorn stillt

Evangelium: Mk 8,31-38 (Dekan Bammessel)

Predigt: 1 Kor 13,1-13

Predigtlied: EG 654,1-4 Gottes Liebe ist wie die Sonne

Kollektenlied: EG 389,1-5 Ein reines Herz, Herr, schaff in mir

Schlusslied: EG 347,1-4 Ach bleib mit deiner Gnade

Liturgie: Propst Dr. Uwe Gräbe, Pfarrvikar Martin Brons

Musik: Chor der Erlöserkirche

Orgel: Elke Pfautsch

Teilnehmerliste

Hans-Joachim Ackermann ...... Pfarrer
Charlotte Ackermann .... Erzieherin
Friedrich Baader .... Pfarrer
Tabea Baader .... Vikarin
Michael Bammessel .... Dekan
Stefan Brandenburger .... Pfarrer
Hans-Willi Büttner .... Pfarrer
Klaus Firnschild-Steuer .... Pfarrer
Hans-Martin Gloël .... Pfarrer
Thomas Grieshammer .... Pfarrer
Klaus-Dieter Griss .... Diakon
Karlheinz Häfner .... Pfarrer
Barbara Hauck .... Pfarrerin
Christa Henninger .... Polsterin
Ulrike Hink .... Pfarrerin
Sabine Hirschmann .... Pfarrerin
Erika Huschke .... Pfarrerin
Michael Huschke .... Schüler
Silvia Jühne .... Pfarrerin
Christian Kopp .... Pfarrer
Andreas Krestel .... Pfarrer
Christopher Krieghoff .... Dekan
Heidi Krieghoff, Naturkostfachberaterin
Dr. Mark Leppich .... Richter
Andrea Möller .... Pfarrerin

Waltraud Nüßlein-Häfner Katechetin
Hannes Ostermayer .... Pfarrer
Vera Ostermayer .... Pfarrerin
Christine Perschke .... Juristin
Hans-Detlev Roth .... Pfarrer
Berthild Sachs .... Pfarrerin
Christa Salinas .... Pfarrerin
Patricio Salinas .... Dipl.Ing. (TH)
Johannes Scholl .... Pfarrer
Annette Schuck .... Pfarrerin
Ursula Seitz .... Dekanin
Jörg Sichelstiel .... Dekan
Dr. Gunnar Sinn .... Pfarrer
Karen Sinn .... Dipl.-Soz.päd.
Sabine Specht-Tauber ...... Studienrätin
Willi Stöhr .... Pfarrer
Christina Thiele .... Lehrerin
Dr. Axel Töllner .... Pfarrer
Claudia Voigt-Grabenstein .. Pfarrerin
Gabriele Wedel .... Pfarrerin
Christa Weniger .... Lehrerin
Heinrich Weniger .... Pfarrer
Bastian Wessel .... Schüler
Dirk Wessel .... Dekan

Reiseverlauf

Donnerstag, 11.2.2010
5.00 Uhr	Abfahrt mit Schielein-Busreisen vom Busbahnhof Rothenburger Straße zum Flughafen nach München
10.25 Uhr	Flug nach Tel Aviv
15.15 Uhr	Ankunft in Tel Aviv und Bustransfer nach Tabgha am See Genezareth
19.00 Uhr	Ankunft, Zimmer beziehen und Abendessen

Freitag, 12.2.2010
7.30 Uhr	Frühstück
8.45 Uhr	Abfahrt mit dem Bus nach Nazareth
9.30 Uhr	Begegnung mit dem griechisch-katholischen Bischof Elias Chacour in Nazareth im Melkitischen Zentrum
11.00 Uhr	Synagogenkirche und Verkündigungskirche in Nazareth
12.00 Uhr	Mittagessen
13.00 Uhr	Fahrt nach Kapernaum mit Stopp bei der Brotvermehrungskirche in Tabgha
13.30 Uhr	Rundgang durch Kapernaum und Berg der Seligpreisungen
18.30 Uhr	Abendessen im Gästehaus
20.00 Uhr	Abendmahlsgottesdienst am See

Samstag, 13.2.2010
7.30 Uhr	Frühstück
9.00 Uhr	Abfahrt nach Jerusalem
11.00 Uhr	Jericho: Besuch der Ausgrabungen des Tell Jericho, des Versuchungsklosters und des Hisham-Palasts
13.00 Uhr	Mittagessen in Jericho
16.30 Uhr	Auguste-Viktoria: Gespräch mit Pfarrer Wohlrab
19.00 Uhr	Bezug der Hospize in der Altstadt
20.00 Uhr	Abendessen und Altstadtbummel
23.00 Uhr	Besuch der Grabeskirche

Sonntag, 14.2.2010
7.30 Uhr	Frühstück
9.00 Uhr	Besichtigung des Tempelbergs
10.30 Uhr	Gottesdienst in der Erlöserkirche (Einführung von Pfr. z. A. Martin

	Brons) mit anschließendem Empfang
13.00 Uhr	Mittagessen
14.00 Uhr	Drei verschiedene Stadttouren
	Das jüdische Viertel - Über den Mauern - Grabeskirche
18.00 Uhr	Abendessen
20.00 Uhr	Begegnung mit Rabbi Marcel Marcus

Montag, 15.2.2010

7.00 Uhr	Frühstück
8.30 Uhr	Abfahrt nach Bethlehem
10.00 Uhr	Gang mit Faten Mukarker durch den Ort auf den Spuren christlicher Lebenswelten heute und anschließendem Gespräch in ihrem Haus
11.30 Uhr	Begegnung mit Pfr. Dr. Mitri Raheb, Evang.-Luth. Weihnachtskirche
13.00 Uhr	Gespräch mit Bürgermeister Victor Batarseh, der selbst Christ ist und von der Hamas mitgewählt wurde
14.00 Uhr	Mittagessen im Al Andalus
15.00 Uhr	Besichtigung der Geburtskirche in Bethlehem
17.00 Uhr	Besuch des Palästinensischen Flüchtlingslagers „Deheishe"
18.00 Uhr	Abendessen in Jerusalem
20.00 Uhr	Begegnung mit Prof. Dr. Mustafa Abu Sway, Associate Professor of Philosophy and Islamic Studies an der Al-Quds University / Jerusalem

Dienstag, 16.2.2010

7.00 Uhr	Frühstück
8.30 Uhr	Abfahrt am Jaffa Tor
9.00 Uhr	Chagall Fenstern im Hadassah Krankenhaus
10.30 Uhr	Besuch der Gedenkstätte Yad va Shem
13.30 Uhr	Abfahrt zum Hospiz und Mittagessen (selbständig)
16.30 Uhr	Gespräch mit Christian Rössler, FAZ-Korrespondent in Israel
19.00 Uhr	Abendessen

Mittwoch, 17.2.2010

6.00 Uhr	Frühstück
7.30 Uhr	Abfahrt am Jaffa Tor nach Amman
11.30 Uhr	Grenzübergang nach Jordanien über die Allenby-Bridge

12.00 Uhr	Totes Meer und Berg Nebo (Blick des Mose in das gelobte Land) und Mittagessen im „Amman Pool Tourist Shores"
16.00 Uhr	Besuch der Schneller Schule in Amman
17.00 Uhr	Hotel Ambassador in Amman
19.00 Uhr	Abendessen im Hotel

Donnerstag, 18.2.2010

7.00 Uhr	Frühstück
10.00 Uhr	Abfahrt
11.00 Uhr	Begegnung mit Prinz Hassan Bin Talal von Jordanien und mit Vertretern der Aal-al-Bayt-Stiftung
13.00 Uhr	Mittagessen
14.00 Uhr	Besichtigung des Zitadellenhügels Jebel al-Qala
17.30 Uhr	Begegnung mit der Evang.-Luth. Kirche von Jordanien, Pfarrer Samar Azar

Freitag, 19.2.2010

6.00 Uhr	Frühstück
7.00 Uhr	Abfahrt nach Petra zur Besichtigung der antiken Nabatäerstadt
16.00 Uhr	Rückfahrt nach Amman
22.00 Uhr	Gemeinsames Abendessen in Amman

Samstag, 20.2.2010

6.00 Uhr	Frühstück
7.00 Uhr	Abfahrt nach Tel Aviv mit Zwischenstopp in Abu Gosh (Emmaus)
15.15. Uhr	Abflug
18.40 Uhr	Ankunft in München
19.00 Uhr	Bustransfer nach Nürnberg
21.00 Uhr	Ankunft in Nürnberg

Presseschau

المحلي

الأمير الحسن خلال لقائه الوفد (بترا)

الأمير الحسن: اللقاء بين الشرق والغرب يكون ببناء المفاهيم المشتركة

عمان -بترا- قال سمو الأمير الحسن بن طلال إن اللقاء الحقيقي بين الشرق والغرب يكون بالتحول من السياق التفاوضي إلى سياق بناء المفاهيم المشتركة التي تعمل على تعزيز روابط الألفة الثقافية.

وأضاف سموه خلال لقائه وفداً دينياً مسيحياً من مدينة نورمبيرغ الألمانية في مسجد الشهيد الملك عبدالله بن الحسين، أن تعزيز القيم المدنية والدينية في المجتمعات يتطلب تفعيل المؤسسات الدينية للمشاركة في الحوارات الإنسانية، بحيث تشارك هذه المؤسسات في مسؤوليات حماية البيئة الطبيعية والإنسانية للمواطنين.

وأكد سموه، خلال اللقاء الذي حضره وزير الأوقاف والشؤون والمقدسات الإسلامية الدكتور عبد السلام العبادي ووزير الثقافة نبيه شقم والدكتور كامل أبو جابر وعدد من الشخصيات، ضرورة السمو بالدين فوق السياسة؛ مشيراً إلى أن تكلفة النزاعات في المنطقة على مدار العقدين الماضيين وصلت إلى ١٢ تريليون دولار.

وشدد الأمير الحسن على أن الترويج لثقافة السلام يكون بالعمل على دراسة تراث الآخر دراسة نظيرة وتحطيم الجدران داخل العقول وتبادل الخبرات عبر مختلف الوسائل.

وقال سموه «أؤمن بحضارة إنسانية واحدة وآلاف الثقافات، وما يجمعنا يجب أن يكون المعايير الدولية التي من أهمها الحريات المدنية وقدسية النفس البشرية»؛ داعياً إلى تأسيس صندوق للتكافل الاجتماعي من أجل تطوير روح المواطنة البناءة وتمكين الفقراء والمحتاجين.

وأضاف سموه أنه يجب أن يكون للدين دور داعم في صنع السلام، والحديث عن الأمل في المنطقة يكون بالتحرك الإيجابي نحو برامج التعليم من أجل المواطنة، ودبلوماسية المواطنين، واستلهام حكمة الإشراق وتراث التنوير، وتعزيز شراكة الفضاء الثالث بين الحكومات والقطاع الخاص والمجتمع المدني، والابتعاد عن الصور النمطية، وتفعيل الاستقلال المتكافل بين دول المنطقة والعمل في سبيل الصالح العام.

وفي ختام اللقاء زار سموه والحضور بطريركية الأقباط الأرثوذكس التي تجاور مسجد الشهيد الملك عبدالله بن الحسين.

بدران: هيكلة التربية اداريا وفنيا وتوسعة مشروع التغذية المدرسية

الـ ٦٥% للمعلمين ستصرف حال اقرارها

عمان - بترا- فاروق المومني

الساعة الثالثة من كل يوم خميس اسبوعيا الى الجامعة

Besuch bei Prinz Hassan bin Talal von Jordanien

Der Pfarrkonvent des Evang.-Luth. Dekanats Nürnberg besuchte unter Reiseleitung von Pfarrer Hans-Martin Gloël, Brücke – Köprü, von 11.-20. Februar 2010 das Heilige Land beiderseits des Jordans (Israel, Palästina und Jordanien).
Prinz Hassan bin Talal empfing die fast 50-köpfige Gruppe aus Nürnberg, um mit ihr über das Thema des Konvents zu sprechen:
Heiliges Land ohne Christen? Perspektiven für ein Zusammenleben
Das Bild in der Zeitung zeigt den Empfang im Konferenzraum der König-Abdallah-Moschee in Amman.
v. links: Pfarrer T. Grieshammer, Pfarrer H.-M. Gloël, Stadtdekan M. Bammessel
Mitte: Prinz Hassan bin Talal
v. rechts: Minister für Kultur, Nabih Schaqm; Minister für Islamische Stiftungen und Heilige Stätten, Dr. Abd al Salam al Abadi; und ?

**Übersetzung des Artikels in der jordanischen Zeitung
al Rai vom 21. Februar 2010**

Lokales

Bildunterschrift:
Prinz Hassan während des Delegationstreffens (Petra [1])

Prinz Hassan: Das Treffen zwischen Ost und West[2] wird gemeinsames Verständnis fördern

Amman – Petra – Seine Hoheit Prinz Hassan bin Talal sagte, dass das ehrliche Treffen zwischen Ost und West zum Wandel von einem Verhandlungsweg zu einem Weg des gemeinsamen Verständnisbauens führt, was zur Stärkung der Bande der kulturellen Verbundenheit führt.

Seine Hoheit fügte während des Treffens mit der religiösen christlichen Delegation aus der Stadt Nürnberg in Deutschland in der Moschee des Märtyrers König Abdullah bin Hussein hinzu, dass die Stärkung der zivilen und der religiösen Prinzipien in den Gesellschaften die Errichtung religiöser Einrichtungen erfordert, die die Teilnahme an den menschlichen Dialogen ermöglichen, sodass diese Einrichtungen die Verantwortungen für die Bürger teilen, die zum Schutz der natürlichen Umwelt und der Menschheit dienen.

Und Seine Hoheit versicherte bei dem Treffen, dem der Minister für Islamische Stiftungen und Heilige Stätten, Dr. Abd al Salam al Abadi beiwohnte, sowie der Minister für Kultur, Nabih Schaqm, sowie Dr. Kamil Abu Dschaber und eine Anzahl an Persönlichkeiten, dass notwendigerweise die Würde der Religion über der der Politik steht.

Nebenbei zeigte er, dass die Kosten der Konflikte in der Region im Laufe von zwei Jahrzehnten 12 Billionen[3] Dollar ausgemacht haben.

Prinz Hassan bekräftigte, dass die Verbreitung einer Kultur des Friedens durch das Studieren des Erbes der anderen geschieht, im gegenseitigen Lernen und in der Zerschlagung der Mauern in den Köpfen. Dies soll durch den Austausch von Erfahrungen durch verschiedene Mittel erreicht werden.

Seine Hoheit sagte: „Ich glaube an eine einzige menschliche Zivilisation und an tausende von Kulturen. Und was uns verbindet ist, dass es internationale Standards geben muss, von denen das wichtigste die zivilen Freiheiten und die Heiligkeit der Seele der Menschheit sind."

Er rief zur Gründung eines Fonds für gegenseitige soziale Verantwortlichkeit[4] auf, um einen Bürgergeist zu entwickeln, der die Armen und Bedürftigen stärkt.

Seine Hoheit sagte darüber hinaus, dass die Religion beim Schaffen von Frieden eine stützende Rolle spielen muss. Die Rede über die Hoffnung in der Region wird positiv bewegt in Richtung eines Lernprozesses der auf der Basis des Bürgerseins und des guten Verhältnisses zwischen den Bürgern beruht.

(Die Rede über die Hoffnung in der Region wird positiv bewegt durch) die Suche nach strahlender Weisheit und nach dem Erbe der Aufklärung; durch Stärkung der Teilhaberschaft des dritten Raumes zwischen den Regierungen und dem Privatbereich, nämlich der Zivilgesellschaft; durch das Aufgeben von Klischees und durch das Erarbeiten ebenbürtiger Unabhängigkeit zwischen den Staaten der Region und durch die Arbeit auf dem Weg des Allgemeinwohls.

Am Ende des Treffens besuchten Seine Hoheit und die Teilnehmer das Koptisch-Orthodoxe Patriarchat, das der Moschee des Märtyrers König Abdallah bin al Hussein benachbart ist.

Übersetzung: Hans-Martin Gloël

Anmerkungen:
[1] Petra ist der Name der Nachrichtenagentur
[2] Auch übersetzbar mit: „Orient und dem Okzident"
[3] Text steht „Trillionen" (andere Zählung im Englischen / Arabischen als im Deutschen).
[4] Auch zu übersetzen als „Solidaritätsfond"

Dirk Wessel

Schlusswort

Eine Reise ins Heilige Land. Mit den unterschiedlichsten Erwartungen sind wir dort hingefahren. Viele waren noch nie dort – sie haben Neues gesehen und erlebt. Andere waren schon ein paar Mal zu Besuch und haben verglichen, wieder andere haben einige Jahre ihres Lebens im Heiligen Land verbracht und haben große Veränderungen wahrgenommen.

Vor wenigen Monaten haben wir den 20. Jahrestag des Mauerfalls in Berlin gefeiert und wir – das Pfarrkapitel Nürnberg - mussten in den Nahen Osten reisen, um wieder vor einer Mauer zu stehen, die unbarmherzig das Land teilt – nicht von beiden Seiten abgesprochen, sondern einseitig und bedrohlich stehen sie da, die meterhohen Betonwände. Hätte uns die jüngere Geschichte nicht gelehrt, dass Betonwände, die von Menschenhand geschaffen wurde auch von Menschenhand wieder abgerissen werden können, hätten wir diese Erkenntnis als Deutsche nicht verinnerlicht, wäre Hoffnungslosigkeit wohl das prägende Gefühl auf dieser Reise gewesen. Dass Mauern keine Zukunft haben, meinen wir Europäer zu wissen. Hoffentlich bewahrheitet sich dieses Wissen, um der Menschen willen, die auf beiden Seiten der Mauer leben und deren Dialog miteinander erschwert, ja fast unmöglich ist.

Menschen, die zu einem Symbol der Hoffnung für ein friedliches Zusammenleben von Juden, Arabern und Christen im Heiligen Land werden, haben wir viele getroffen. Die Bereitschaft, den Dialog zu wagen, ist in den Ländern des Nahen Ostens durchaus spürbar.

Um mit Dr. Mitri Raheb zu sagen: „Wir brauchen keine Friedensplapperer, sondern Friedensstifter."
Friedensstifter sind Menschen, die mit ihrem Verhalten einen Konflikt mindern, die den Ausgleich suchen, die den Kompromiss um des Friedens willen auf ihre Fahnen geschrieben haben.
Friedensstifter sind begnadete Menschen, die wünschen wir nicht nur

dem Heiligen Land, sondern allen Ländern dieser Erde.
Es sind die Plapperer, die den Menschen oft den Mut nehmen, die reden, aber nicht handeln wie sie reden, die provozieren und den Kompromiss verweigern, die den Menschen kein Vorbild mehr sein können.

Wünschen wir uns eine Welt voller Friedensstifter – im Heiligen Land und überall!

Inhaltsverzeichnis

Inhalt
„Ein Pfarrkapitel auf Reisen" 1
Vorwort 3
Schlaglichter evangelischer Präsenz im Hl. Land 5
Ein Wintermärchen voller Gegensätze 15
Begegnung mit dem griechisch-katholischen Bischof
Elias Chacour im Melkitischen Zentrum in Nazareth 17
Verkündigungskirche Nazareth 25
Tabgha, Kapernaum und Berg der Seligpreisungen 29
Versuchungen am Jordan und in Jericho 33
Die evangelische Auguste-Victoria-Kirche auf dem Ölberg 35
Abendmahlsgottesdienst in der Erlöserkirche 39
Die Grabeskirche 45
Die Stadtmauer von Jerusalem 53
Heimat ist: Einfach dazu zu gehören 59
In den Gassen von Jerusalem 65
Zu Besuch in Betlehem - DDR-Gefühle werden wach 71
„Dar Annadwa Addawliyya" - Die Bethlehem-Akademie 77
Bei dem Bürgermeister von Bethlehem 81
Flüchtlingslager in Jordanien 85
Die Chagall Fenster der Hadassah-Klinik 95
Yad Vashem 101
Eindrückliche Begegnung in Yad Vashem 104
Orientalisch denken. Im Gespräch mit Hans Christian Rößler 109
Das Win-Win Projekt in Jerusalem 113
Im Toten Meer und auf dem Berg Nebo 119
Das Mosaik von Madaba in Jordanien 123
Auf dem Weg nach Amman 127
Begegnung mit einem visionären Pädagogen 131
Seine Königliche Hoheit Prinz El Hassan Bin Talal 135
Lutheran Church of the Good Shepherd in Amman 143
Unterwegs in Petra – eine Rundwanderung 147
Die Nabatäer – Ein fremdes und frommes Volk 153
Von Amman nach Tel Aviv 169
Anhang: 174

Antrittspredigt Pfarrvikar Martin Brons	174
Teilnehmerliste	180
Reiseverlauf	181
Presseschau	184
Übersetzung des Artikels in der jordanischen Zeitung	185
Schlusswort	188
Inhaltsverzeichnis	190

DVD zum Buch geeignet zur Wiedergabe auf handelsüblichen Geräten.

Fotos: Dr. Gunnar Sinn, Thomas G.

Musik und Komposition: Christoph Grabenstein

Dauer: ca. 30 Min